In Harmonie mit dem Geist

STELLA POLARIS

Titel der englischen Originalausgabe:

WHITE EAGLE
on LIVING IN HARMONY
with the Spirit
The White Eagle Publishing Trust
New Lands, Brewells Lane, Liss,
Hampshire GU33 7HY, England

Übersetzung:
White Eagle Centre Deutschland e.V.

Auflage 2007

Stella Polaris Verlag
Schraystr. 2, 82110 Germering,
Deutschland

Druck: Druckerei Steinmeier, Nördlingen
Gestaltung: Flying Pig Design / Jürgen Schroeder
info@jm-schroeder.de
Titelbild: www.photocase.de

ISBN 978-3-937980-06-5

In Harmonie mit dem Geist

White Eagle

STELLA POLARIS

Inhalt

Anmerkung des Herausgebers

White Eagles Schrift über geistige Harmonie ist eine Zusammenstellung von Auszügen seiner Lehre, die über viele Jahre hinweg übermittelt wurde. In einigen wenigen Fällen sind in anderen gedruckten Büchern von White Eagle kurze Abschnitte bereits erschienen.

In diesem Buch werden die Begriffe „Bruderschaft / Brüderlichkeit“ häufig gebraucht und manchmal „die Älteren Brüder“ und „die Bruderschaft des Weißen Lichtes“, Begriffe, die sowohl einen Seinszustand als auch eine Gemeinschaft inkarnierter und nicht-inkarnierter Seelen bezeichnen. In Ermangelung eines anderen einfachen Wortes, das die gleichen Bedeutungen hat, aber weiter und offensichtlicher geschlechtsneutral ist, muss „Bruderschaft“ nicht nur für Wesen beider Geschlechter stehen, sondern auch für die der nicht-menschlichen Ebenen der Engel und der Natur. Das Konzept dieser „Bruderschaft“ ist ein Schlüssel zur Lehre White Eagles.

Einführung

DIESES BUCH ist für alle bestimmt, die sich aktiv bemühen, im Einklang mit geistigen Grundsätzen zu arbeiten. Es ist für jene gedacht, die harmonischer, mutiger und achtsamer leben möchten, und es ist für diejenigen gedacht, die Gleichgewicht und Frieden in ihr eigenes Leben und in die Welt zu bringen wünschen, um so das Wachstum ihrer Seele und die göttliche Entwicklung der Menschheit zu ermöglichen.

Wissenschaftler entdecken Naturgesetze, die durch das ganze Universum hindurch wirken. Im Gegensatz dazu beschreibt White Eagle ein höheres System von „Gesetzen" – göttlichen Gesetzen – die ebenfalls unser Leben regieren, die wir aber größtenteils nicht wahrnehmen. So ist in der Tat das Wort „Gesetz" durch irdisches Verständnis eingeschränkt und White Eagle's Unterweisung gibt ein viel umfassenderes, weit über unsere Vorstellungen hinausgehendes Bild, was göttliches Gesetz für uns alle wirklich bedeutet.

Göttliche Gesetze sind ewig und allwissend, und so, wie es bei irdischen Gesetzen der Fall ist, hat sie einzuhalten oder sie zu brechen für uns alle Konsequenzen. Dennoch sind sie nicht nur dazu bestimmt zu beschützen, sondern auch etwas zu ermöglichen. Die göttlichen Gesetze sind nicht nur ein passives System, sondern sie bilden *das System wie das Universum wirkt*. Sie regeln unser Leben und sie gestalten es, und sie finden in allen Bereichen des Lebens Anwendung. In White Eagle's Lehre werden fünf solcher Gesetze definiert. Das erste, die Reinkarnation, wird in diesem Buch nur beiläufig behandelt, da White Eagle's Darstellung der vielen von uns gelebten Leben sich so weit von der allgemein verbreiteten Auffassung unterscheidet, dass es verdient in einem eigenen Buch festgehalten zu werden. Die anderen Gesetze sind Ursache und Wirkung (Karma); Gelegenheiten (Möglichkeiten); Entsprechungen („So wie oben, so auch unten"); und Wiedergutmachung, manchmal bezeichnet als das Gesetz der ausgleichenden Gerechtigkeit. Ihnen allen zugrunde liegt das Gesetz der Liebe, zu dem White Eagle's Darstellung immer wieder zurückkehrt. Wenn er beschreibt, wie da geistige Gesetz wirksam ist, beschäftigt er sich mit Themen wie freier Wille und Schicksal, der Bedeutung des Leidens, der Kraft des Verzichts auf Widerstand und damit, was wahres Annehmen ist. In diesem Buch findet sich vieles darüber, warum erdgeschichtliche Katastrophen geschehen, solche, die eine riesige Anzahl von Menschen in Mitleidenschaft ziehen und sie oftmals dazu bringen, die Liebe Gottes in Frage zu stellen. White Eagle zeigt nicht nur, wie die göttlichen Gesetze den spirituellen Plan unseres Lebens fördern, sondern er hilft uns auch zu verstehen, wie wir mit ihnen arbeiten können, um Heilung auf alle Ebenen zu bringen, sowohl für uns selbst wie für unsere Welt.

Wenn Sie jemals über das Ziel Ihres Lebens nachgedacht haben, oder beunruhigt waren, dass die Ereignisse außer Kontrolle zu geraten scheinen, dann wird die Lektüre dieses Buches Sie beruhigen. Zudem kann es Ihnen die Art von Verständnis bringen, die transformierend sein kann.

6 Sa

7 So

8 Mo

9 Di

10 Mi

11 Do

12 Fr

13 Sa

14 So Muttertag

15 Mo

16 Di

17 Mi

18 Do

19 Fr

20 Sa

21 So

22 Mo

23 Di

24 Mi

25 Do Christi Himmelfahrt

26 Fr

27 Sa

1

DER GÖTTLICHE PLAN UND GEISTIGES GESETZ...

... in allen Religionen

WELCHE Religion auch immer ihr studiert, gleich ob auf der Erde oder in höheren Sphären, ihr werdet dasselbe präzise Gesetz finden. Im Grunde ist es dies: Gott ist unendlich, und er ist mit euch, in euch, euch leitend, euch führend (sogar wenn es über einen steinigen Weg geht).

Gott führt euch auf die richtige Art und Weise, denn Gott ist göttliches Gesetz. *Liebe ist göttliches Gesetz. Göttliches Gesetz ist Liebe.* Dieses göttliche Gesetz der Liebe – eine Bindekraft, ein Zusammenziehen, etwas Vereinigendes, eine Vereinigung von Gasen, welche die Materie bilden, sich schließlich zu einem anscheinend festen Planeten formen – brachte das ganze Universum ins Sein Leben. Die Planeten wurden durch Gedankenkraft gebildet, durch Verstand, durch göttliches Gesetz. Das Leben wurde auf der Erde begründet vom göttlichen Verstand, durch die menschliche Seele und das Gesetz. Der Geist des Sohnes Gottes in der Seele wächst und entwickelt sich weiter gemäß göttlichem Gesetz. Alle werden geführt und gelenkt durch ein Gesetz der Harmonie, Liebe und Vollkommenheit.

Alle Schriften enthalten dieselbe Wahrheit, gleich, ob ihr in die Bhagavad Gita, den Koran, das Buch des Hermes oder die vier Evangelien der Christen schaut.

Warum? Weil Wahrheit göttliches Gesetz ist, das Gesetz des Universums; und so, wie es im Anfang war, so ist es jetzt – und so wird es sein, eine Welt ohne Ende. Es kommt nicht darauf an, welche Sprache ihr sprecht. Wasser oder Luft mögen viele Bezeichnungen jeweils entsprechend der Sprache eures Landes haben, aber das Element bleibt davon unberührt. Gott ist in Mann und Frau, Gott ist in allem. Die Menschheit kann nicht von Gott getrennt werden – niemals. Steigt zu den Höhen des Himmels, und Gott ist dort; steigt hinab in die Tiefen der Hölle, und Gott ist dort.

Ganz am Anfang kamen große Lehrer oder „Sonnenwesen", um den jungen Seelen, die gerade aus der Astralwelt in die Inkarnation gekommen waren, zu veranschaulichen, was im physischen Leben erreicht werden könne, wenn sie immer das Gesetz anwendeten; das Gesetz der Liebe, das Gesetz der Harmonie. Diese frühen Schüler lernten, so wie ihr es jetzt lernt, die Naturgesetze auf ihr Leben anzuwenden, und diese Wahrheiten, die seitdem von geistigen Lehrern gelehrt wurden, sind als die "uralte Weisheit" bekannt. Das Gesetz wurde den großen Eingeweihten aller Zeiten gegeben, nicht nur Moses, nicht nur Jesus, sondern vielen anderen großen Lehrern, damit sie den Menschen helfen, bewusst die Gaben Gottes zu nutzen und in vollkommener Harmonie mit diesen kosmischen Gesetzen und Naturgesetzen und mit den Elementen zu leben.

In einem Gleichnis sprach Jesus darüber, wie die Diener des Herrn zu verschiedenen Zeiten in einen Weinberg gesandt wurden, um die Menschen zu lehren, die aber steinigten die Diener und lehnten sie ab.*[1] Dieses Gleichnis wurde in Hinsicht auf die verschiedenen Lehrer interpretiert, die während der verschiedenen Stadien der Evolution der Welt zu der Menschheit kamen, bis schließlich die Kinder der Erde sie zurückwiesen und sie abgezogen wurden. Man kann an vielen Orten im Osten wie im Westen Berichte finden, welche die Geschichte der Sonnenwesen erzählen.

Gott hat die Menschheit nie ohne einen Zeugen gelassen. Es gab immer und wird immer jene geben, die wir nur beschreiben können als menschliche Wesen, die auf Berggipfeln stehen. Schaut mit uns in die Welt hinaus und seht die Masse der Seelen; manche mühen sich in Dunkelheit, manche haben ihre Gesichter erhoben; andere haben den Berg ein Stück weit erklommen; manche sind weit oben auf dem Berg. Auf den Bergesgipfeln sehen wir die Leuchtenden, die mit Mitgefühl auf die Menschheit herabblicken. Sie haben durch ihre eigenen Anstrengungen und ihr Streben (verbunden mit dem Segen und der Hilfe ihres Schöpfers) gelernt, wie sie am besten ihrem Schöpfer und anderen menschlichen Wesen dienen können. Von den Bergeshöhen herab richten sie Strahlen der Liebe (was Licht ist) hinein in die Dunkelheit der Erde.

Was die Auswirkung des geistigen Gesetzes angeht, so möchten wir das Leben nicht als fix und fertig festgelegt sehen: Wir legen Leben, Evolution, Fortschritt nicht in abgeschottete Fächer. Wir mögen keine Reihe kleiner Flaschen auf einem Regal, alle säuberlich mit Etiketten versehen. Das allumfassende Gesetz ist bindend und alle Dinge fügen sich an ihren Ort, aber auf eine Weise, die der menschliche Verstand unmöglich begreifen kann. Nur der göttliche Verstand kann allen Dingen den ihnen gemäßen Platz geben – auf seine eigene göttliche Art und Weise. Versucht nicht, zu pedantisch in eurer Auffassung von geistiger Wahrheit zu sein. Ihr werdet sie niemals in abgeschottete Fächer oder Schubladen hineinzwängen können. Ihr müsst erkennen, dass das göttliche Gesetz vollkommen und harmonisch ist, und dass alles letztendlich zusammenwirkt; aber nicht so, wie es sich der menschliche Verstand wünscht. Es ist so, als wolle man Sandkörner am Meeresstrand von einander trennen. Ihr müsst die geistige Wahrheit als ein Ganzes sehen und verstehen, dass alles harmonisch zusammenwirkt. Wir schärfen euch die Notwendigkeit ein, dem Licht in eurem eigenen Herzen zu folgen; und denkt nicht immer, dass es bessere Blumen in Nachbars Garten geben müsse. Folgt dem Licht in eurem eigenen Herzen, denn es ist ein sicherer Führer.

... in jedem Aspekt des Lebens

Zu Beginn des menschlichen Lebens auf der Erde wurde eine große Wahrheit auf den Planeten gelenkt. Sie kam in der Form des Lichtes ... was ihr als das Licht in den Herzen der Menschen kennt. Man kann es nicht beschreiben. Wir können euch nicht sagen, was es ist; eure Aufgabe ist es, euch seiner bewusst zu werden, es zu erkennen. Wenn ihr es klar erkannt habt, werdet ihr eure Kraft, euer Licht, für immer und ewig aus seiner wahren

Quelle beziehen. Es ist der Sohn. Es ist die geistige Sonne, welche die Alten anbeteten, eine Verehrung, die irdisch denkende Menschen falsch verstanden als Anbetung der physischen Form der Sonne.

Die Sonne, der Kreis, ist der allumfassende Kreis des Lebens; das Kreuz, die Inkarnation, ist das Kommen des Geistes in die Materie. Es ist das Leiden, welches das Herabsteigen aller Schöpfung von den Sphären des Lichtes in die Dunkelheit und Dichte der Erde und der physischen Materie mit sich bringt. Im Herzen des Lebenskreislaufs – im innersten Zentrum – ist die Rose; die Rose, die, wie die Alten wussten, auf diesem Kreuz blühen würde, wenn das Kreuz sich weit geöffnet, sich ausgedehnt, sich dem Lichte des Gottessohnes übergeben hätte. Als das Kreuz dieses Licht berührte, floss in die vier Arme das Licht des Gottessohnes, den ihr Christus nennt. Eben dieses Leben würde wie die Rose blühen. Es würde verursachen, dass die Rose der menschlichen Erfahrung plötzlich voll erblüht. Millionen sind sich ihrer inneren Kräfte nicht bewusst. Sie sind wie kleine braune Saatkörner, in die Erde vergraben, aber in ihnen ist die in der Anlage vorhandene Rose – jene Rose, die zu ihrer vollen Schönheit von Farbe und Form und Duft nur durch Erfahrung erblühen kann, durch das Erspüren der anregenden Kräfte der Erde. Diese Erdkräfte bewirken, dass das Saatkorn aufbricht und die Wurzel wächst. Solch eine Geburt ist gewöhnlich ein schmerzhafter Vorgang, aber schließlich wendet die Rose ihr Antlitz der Sonne zu. Ohne die Strahlen der Sonne könnte sie niemals Farbe, Wohlgeruch oder Form erlangen.

Die Rose ist also das Symbol des Triumphes. Die geistige Rose liegt in jedem menschlichen Wesen, aber ehe diese Rose erblühen kann, wird der Mensch auf dem Kreuz ausgestreckt. Muss es ein Kreuz des Leidens sein? Nicht notwendigerweise; es kann ein Kreuz der Herrlichkeit sein. Aber im Herzen des Kreuzes muss immer die Rose erblühen – dies geschieht unweigerlich, denn ein kosmisches Gesetz verfügt, dass sie blühen soll. Bestimmte Bedingungen des menschlichen Lebens sind der Boden und die Elemente, die diese Rose hervorbringen. Die Menschheit wählte diesen Weg, nicht so sehr dadurch, dass sie aus einem hohen Stand herabfiel, sondern indem sie von den Himmeln in den Zustand der physischen Form herabstieg, um ein Schicksal zu erfüllen. Durch diesen Weg wird der unbewusste Gott im Menschen Gottes-Bewusstsein erlangen. Wir ziehen es vor, das Kreuz als eines der Erfahrung, statt eines des Leidens zu betrachten. Sobald die Einstellung der Menschen, eine der Verherrlichung physischer Erfahrung ist, öffnet sich ein deutlicher Weg des Triumphes, nicht des Leidens, am und durch das Kreuz.

Es ist wahr, dass es Leiden gibt, wenn der individuelle Geist in die Materie eintritt. Von nun an beherrscht ein starker Trieb den Geist, dass er befreit werden möge, befreit in eine Welt des Lichtes und der Schönheit. Die Seele muss wieder in die Materie zurückkehren, wieder und immer wieder, um Meisterschaft über diese Ebene des Lebens zu erlangen. Aus diesem Grund werdet ihr durch alle Zeitalter hindurch in jeder Religion diese Symbolik der Kreuzigung eines besonderen Erlösers und dann die Auferstehung dieses Wesens in das ewige Leben finden. Diese Wahrheit wurde klar veranschaulicht, als Jesus gekreuzigt wurde. Die Geschichte der Kreuzigung, wie sie in den esoterischen Evangelien erzählt wird, legt nahe, dass Jesus nicht dort war, als sein Körper gekreuzigt wurde. Er hatte sich bereits aus seinem Körper zurückgezogen. Er sah das ganze Geschehen aus der Ferne, in klarer und richtiger Perspektive. Genau das ist es, was die Menschheit als Ganzes und jeder einzelne von euch in Hinsicht auf eure eigenen Probleme und Sorgen für sich lernen muss. Ihr dürft nicht zulassen, hineingezogen zu werden, gekreuzigt und gefoltert zu werden. Ihr müsst euch über Ungemach erheben und es richtig sehen, in Gelassenheit. Dann werden sogar die Atome der Erde angehoben, und Erleuchtung und größere Schönheit werden zu diesem physischen Planeten kommen. Denkt also immer daran: Wenn ihr mit rauen und grausamen Dingen konfrontiert werdet, dann sind diese vielleicht eure Dornenkrone, die euch letztendlich zu Auferstehung und Erlösung führt.

Denn während ihr auf der Erde seid, werden euch Gelegenheiten gegeben, das Kosmische oder Christus-Bewusstsein in das Leben zu bringen – und dieses Bewusstsein *muss* hervorgebracht werden. Den Menschen in ihrer äußeren Form werden besondere Gelegenheiten gegeben, sich in diesem Gottes-Bewusst-sein zu entwickeln und zu wachsen. Dies ist der Grund dafür, warum die Menschen, sobald sie ihren physischen Körper verlieren und zu einem himmlischen Bewusstseinszustand erwachen (vielleicht nachdem sie durch die verschiedensten

Erlebnisse in der „Unterwelt" gegangen sind) sehen, wie sie die Gelegenheiten verpasst haben, die ihnen das irdische Leben anbot. Dann fühlt die Seele ein Drängen und den Wunsch, wieder zur Erde zurück zu kehren, wo sie neue Möglichkeiten erwarten.

Viele sagen: „Wenn ich in den Himmel komme, werde ich nicht wieder zur Erde zurückkehren wollen – ich sehe keine Notwendigkeit dafür, das zu tun." Nein, ihr seht jetzt keine Notwendigkeit, aber wenn die Seele einen kleinen Schimmer der Herrlichkeiten des göttlichen Lebens erhascht, von Gottes himmlischer Manifestation, Gottes Schönheit – wenn die Seele befähigt ist, in die innersten Tiefen zu schauen und sie dort die latente Schönheit und das Gute sieht – dann wünscht die Seele nur eines, nämlich, sich zu reinigen und zu vervollkommnen.

Vor euch liegt nichts, was ihr fürchten müsstet. Seht euch euer Leben auf der physischen Ebene an. Ihr hattet schwierige Zeiten. Ihr hattet Zeiten voller Angst. Ihr habt Leid erlebt. All diese Erfahrungen vergehen. Gott ist ganz Liebe, und Gott ist barmherzig und gütig. Wenn ihr auf ein Gesetz stoßt, müsst ihr diesem Gesetz gehorchen. Ihr müsst dem physischen Gesetz gehorchen. Wenn ihr euch weigert, geistigem Gesetz zu gehorchen, leidet ihr. Wenn ihr in die geistige Welt kommt, werdet ihr allein dadurch vorangetragen werden, indem ihr Gottes Gesetz gehorcht, Gott liebt, euren Nachbarn liebt und eure Umgebung liebt. Liebe ist der Schlüssel zu dieser herrlichen himmlischen Seligkeit, die eines jeden Menschen Bestimmung und Ziel ist.

Jesus sagte: „Nicht ein Sperling fällt zur Erde ohne euren Vater; und sogar die Haare auf eurem Haupt sind gezählt.“ *[2] All eure Bedürfnisse sind bekannt, seien sie körperlich oder geistig, und alles, was euch geschieht, hat einen Zweck. Wenn ihr eine graphische Darstellung des Lebens sehen könntet, wie sie in den Hallen der Weisheit in der geistigen Welt gesehen werden kann, würdet ihr ein höchst kompliziertes kreuz und quer laufendes Muster erblicken – unzählige kleine Linien, die sich wieder und wieder überkreuzen, rückwärts und aufwärts, vorwärts und über Kreuz, auf und ab – ein höchst erstaunlicher verwickelter Plan. Diese kleinen feinen Linien haben einen Zweck, und alles bewegt sich entsprechend göttlichem Gesetz. Ihr müsst selber gesehen haben, wie ein Ereignis zu einem anderen führt. Ihr sagt: „Hätte ich gestern nicht den alten Bob getroffen, dann hätte er mir nicht geraten, da- oder dorthin zu gehen; und dann wäre ich nicht auf XY gestoßen, der, wie sich herausstellte, von größter Wichtigkeit für mein Leben ist.“ Ihr wisst alle, dass diese Dinge geschehen. Ihr wisst alle, wie ihr dazu gebracht werdet, bestimmte Menschen zu treffen und an den richtigen Ort zur richtigen Zeit zu kommen. Weil Gott eure Bedürfnisse kennt, werden Seine/Ihre Boten ausgesandt, um euch zu führen und euch zu helfen. Jedes einzelne Detail eures Lebens wird überwacht und umsorgt.

Und der freie Wille, den die Seelen auf dieser Reise haben – wie viel Freiheit erlangen sie? Obwohl sie dem Gesetz der Bestimmung unterworfen sind, welches den Gesamtplan ihres Lebens enthält – können sie kleine Läufe rückwärts und vorwärts machen. Wenn ihr euren

Hund ausführt, hat er die Freiheit, kleine Ausflüge hierhin und dorthin zu machen, aber am Ende folgt er seinem Herrn oder seiner Herrin. Wenn der Hund zu viel herumrennt, kann es sein, dass es lange dauert, bis er seinen Spaziergang beendet hat, aber zu guter Letzt muss er es tun. Ebenso ist es mit den Menschen.

Der Sündenfall

Wenn wir euch sagen, dass es so etwas wie einen Zufall oder Unfall in Gottes Universum nicht gibt, könntet ihr fragen, warum Gott so ein ungeheures Unglück wie den Sündenfall zuließ. In unserer Schule der Weisheit sehen wir unseren Schöpfer und den Plan als allmächtig an. Kein menschliches Wesen hat die Macht, den Göttlichen Plan zu durchkreuzen. Mancher mag große Naturkatastrophen wie den legendären Untergang von Atlantis (der, wie es heißt, Folge des Mangels an Ausgewogenheit zwischen den Kräften des Guten und des Bösen war), als Unfälle ansehen. Das ist nicht so; Gott lässt nicht zu, dass das Universum so aus Seiner oder Ihrer Hand gleitet. Es könnte nichts geschehen, was nicht dem Willen unseres Vater-Mutter-Gottes entspricht. Was als der „Sündenfall des Menschen“ bekannt ist, war ein kosmisches Ereignis, das für die Entwicklung des Kindes Gottes geschaffen wurde. Es bewirkt ein Erwachen, ein Erkennen der Kraft der Seele, selbst zu wählen: Eine Erkenntnis seines freien Willens.

Alles Dunkle und Unharmonische auf der Erde dient tatsächlich dem Wohl des Menschen. Ihr mögt es nicht so sehen, aber dennoch, als der Geist zuerst aus dem Herzen Gottes ausgeatmet wurde, stieg er in einem Zustand der Unbewusstheit durch viele Ebenen des Lichtes und der Schönheit herab. Während er sich seiner selbst als eines Individuums immer noch unbewusst war, kam er hinab auf die Erdebene und nahm einen physischen Körper an mit dem Ziel, das Bewusstsein Gottes in sich zu entwickeln. In euch allen sind diese zwei Aspekte, wie wir es so oft gesagt haben: Der gute, der reine Geist, der sich ständig nach Gott sehnt, und die andere Seite, eingekleidet in die fleischgewordene Persönlichkeit, die ebenso nach Selbstausdruck strebt und nach dem, was sie Freiheit nennt. Solange sie nicht gelernt hat, sich harmonisch einzustimmen auf den reinen Geist Gottes (der in Wirklichkeit während des gesamten Weges geistiger Entfaltung mit ihr arbeitet), oder besser, sich ihm hinzugeben – solange nicht diese materielle Natur des Menschen lernt, harmonisch mit dem Christus-Geist zu arbeiten – wird sie im materiellen Leben leiden.

In jedem Menschen ist ein spiritueller oder göttlicher Antrieb, und es gibt auch den Teil, der Verstand genannt wird, der ständig im Krieg mit dem Geist zu liegen scheint. Das Gute und das Böse sind wie zwei sich drehende Räder, das höhere und das tiefere, und noch sind sie nicht vereint. Das höhere wird zum Leben gebracht durch den niederen Weg des Leidens: Leiden, das dazu bestimmt ist, letztendlich das vollkommene Bild hervor zu bringen, das vollkommene Christus-Wesen. Wir sagen euch, dass alle zum Sohn emporgehoben werden, Eins werden mit dem strahlenden Glanz der Sonne. Da dies das Ziel des Lebens ist, solltet ihr nie murren über irgendeine Erfahrung, die ihr macht; betrachtet diese Erfahrung gelassen, sachlich und werdet euch darüber klar, dass ihr etwas daraus lernen könnt; haltet immer nach der Belehrung Ausschau, die dahintersteckt. So möchten wir, dass ihr den Sündenfall als einen Entwicklungsprozess anseht, und nicht als eine Verletzung des Göttlichen Plans für den Fortschritt.

Die Seele wird in diese dunkle Welt dichter Materie nicht herab gesandt, damit sie *leiden* soll. Versteht das. Ihr seid alle mit dem Leid wohl vertraut. Viele von euch kennen tatsächlich kaum etwas anderes als Schmerz und Leid. Aus diesem Grund hüllt sich die Seele in Schatten und Depression und sehnt sich ermattet danach, ihrem Gefängnis aus Fleisch entfliehen zu können. Könntet ihr klarer sehen, würdet ihr zu verstehen beginnen, dass es die Materie selbst ist, die in gewissem Sinne schlecht oder böse genannt wird. Der wahre Zweck des so genannten Bösen oder Dunklen ist es, Gutes hervor zu bringen. Aus Bösem entsteht Gutes. Aus Dunkelheit entsteht Licht. Am Anfang war Dunkelheit; zu Beginn sagte Gott auch: *„Es werde Licht!"* – und da ward Licht.

Wir möchten besonders betonen, dass nichts außerhalb des Planes geschieht. Wir meinen, darüber kann es keinen Zweifel geben; der Jünger weiß, dass die Dinge, die geschehen, alle zum Guten sind. Seht immer das Gute; wisset, dass die Schwierigkeiten, in welchen ihr euch befindet, *Gutes* bewirken. Wir betonen diese

Aussage, denn wir wissen, dass einige von euch eine karmische Situation durchleiden, die durchzustehen ihr euch entschlossen habt. Ihr werdet durchkommen ... *ihr werdet durchkommen.* Verliert nicht eure Vision, dass Gott gut ist: „Nicht, was ich will, sondern was Du willst, O Gott!"

Ziel bewusst wählen – so etwas wie Zufall gibt es nicht

Dies führt uns zu einem äußerst wichtigen Problem. Die Menschen fragen: „Was nützt es, zu schwitzen und zu kämpfen und sich abzumühen, wenn dann trotz allem so viel Leid in der Welt ist?". „Niemand hat so große Schwierigkeiten wie ich!". „Wäre ich in einer anderen Lage, würde ich es anders machen; hätte ich mehr Geld, täte ich so viel Gutes für andere". „Mein Bruder oder meine Schwester hat das Geld, aber sie tun wenig damit, verglichen mit dem, was ich täte!".

Da das Leben vom Gesetz regiert wird, befindet ihr euch an genau dem Ort und genau in den Umständen, die ihr selbst gewählt habt. „Aber das ist Unsinn!", sagt ihr; „ich hatte keine Wahl". So spricht das äußere Selbst. Das wirkliche Selbst, der göttliche Antrieb, weiß bis in die letzte Einzelheit was ihr braucht. Stellt euch den Gott-Trieb vor als ein strahlendes Licht, das eure Seele beständig auf ihrem Weg führt. Nicht ein Augenblick eurer Zeit sollte verschwendet werden. Nicht das, was euch auf den äußeren Ebenen geschieht, nicht eure äußeren Umstände, nicht die Reichtümer, die ihr habt oder nicht habt – sondern nur eure innere Reaktion auf diese Umstände – sind das so überaus Wichtige, und es ist in der Tat eine Form von

Einweihung, durch die ihr tagtäglich geht. Das Leben ist es wert, gelebt zu werden, außerordentlich wert, so hart und bitter es auch scheinen mag; rechnet die Bitterkeit gegen das auf, was ihr lernt, was ihr in euch aufnehmt, und ihr werdet sehen, dass es sich wirklich lohnt.

Das ist das Gesetz: *Gleiches zieht Gleiches* an. Ihr könnt nicht entkommen, und es ist nicht leicht, das wissen wir, denn das Fleisch ist sehr schwer. Es ist von der Erde und grob, und es hält euch fest. Dies geschieht nur, um den Geist in euch zu stärken, nur um das Wachstum dieser göttlichen Gegenwart zu erzwingen, dieses göttliche Leben in euch. Hier ist der Sinn der Kümmernisse und der Schwere, worunter ihr leidet. Ihr seht das Ergebnis eurer Anstrengungen vielleicht nicht, aber hat das eine Bedeutung, wenn dadurch das Licht in euch strahlender wird? Ihr verbrennt dann allen unerwünschten Abfall. Das ist die Wirkungsweise eines vollkommenen geistigen Gesetzes. Lasst uns die Sonne visualisieren, das Zentrum eures Sonnensystems, die geistige Sonne, die unsichtbar hinter der Sonne ist, und die geistigen Strahlen, die sich herab zur Menschheit senken, die auf die allerschönste und wunderbarste Weise wirken, um in das Bewusstsein aller Menschen die göttliche Herrlichkeit ihres wahren Seins zu tragen: Strahlen, die wirken, verschmelzen, harmonisch verbinden. Ganz gleich, welche scheinbare Zerrüttung auf der irdischen Ebene geschieht, die Strahlen durchdringen, ziehen die Fäden zusammen und weben einen herrlichen Regenbogen aus Farben und Schönheit durch die ganze Schöpfung hindurch. Schließlich verwandeln sich Farbe und Schönheit wieder zurück in dieses vollkommene Licht, das *Große Weiße Licht*. Wir zeigen euch einen Plan, in dem es so etwas wie einen Zufall, Unfall oder ein Missgeschick nicht gibt; alles geschieht gemäß einem vollkommenen Gesetz unter der Leitung der großen Geistwesen an der Spitze der Sieben Strahlen, welche die Menschheit durchdringen.

Widerstandslosigkeit

Was erweckt und belebt den göttlichen Geist im menschlichen Wesen? Die Antwort ist einfach. Es ist die menschliche Erfahrung – und im Wesentlichen die des Schmerzes und des Leidens. In der Vergangenheit haben die Menschen ihr Leiden mit dem in Verbindung gebracht, was sie das Böse nannten. Nun ist das Böse eine Form von unentwikkeltem Leben und es dient einem bestimmten Zweck. Es wird in dem großen Plan der Evolution benutzt, um das Gottes-Bewusstsein im menschlichen Wesen anzuregen und ins Leben zu rufen.

Der biblische Ausspruch: *Widersteht nicht dem Bösen* *[3] ist groß und weise. Er bedeutet, dass sich die Menschen mit dem Leben in Harmonie befinden sollten. Indem sie dem Bösen nicht Widerstand leisten, können sie vielleicht den eindeutigen Zweck im Leben erkennen, den das so genannte Böse hat. Gleich ob es universell oder individuell ist, das Böse ist eine Kraft, die dem Fortschritt hilft; und ohne das Böse würde das Leben statisch werden. Der Einfluss des Bösen auf das Leben ist letzten Endes ein guter, einer, der nichts weniger als eine vollkommene Schöpfung bewirkt. Daher bedeutet, dem Bösen keinen

Widerstand zu leisten, dieses als einen notwendigen Faktor in der Evolution anzuerkennen.

Ihr beginnt das Böse zu verstehen, wenn der innerste Teil eures Wesens es ihm erlaubt, seinen natürlichen Weg zu gehen und schließlich zu erlöschen. Inzwischen bleibt dieser innerste Teil ohne in das Geschehen verwickelt zu werden, mit seinem Bewusstsein unverwandt auf das All-Gute gerichtet. Dies tut ihr, wenn ihr harmonisch lebt, wenn ihr euer Leben so in der Hand habt, dass kleine Dinge euch nicht beherrschen. Denn dann, wenn diese kleinen Dinge euch beherrschen, steigert ihr euch selbst in einen Zustand hinein, der in sich schon das Böse enthält. Konzentriert euer ganzes Sein auf die Güte Gottes, den Geist Gottes, auf umfassend gutes, positives Denken. Dann bemerkt ihr die Störung um euch herum gar nicht. Ihr widersteht nicht und greift nicht an; ihr konzentriert euer ganzes Sein auf alles Gute und lebt so in Harmonie und Einklang mit den göttlichen Gesetzen.

Das Böse ist in der Welt immer gegenwärtig; und es gibt Zeiten, in denen sein Vorhandensein besonders offensichtlich zu sein scheint. Zu solchen Zeiten weckt es die Menschheit auf. Dem Einzelnen bringt es die Erkenntnis, dass etwas falsch ist in seinem Leben. Liefe das Leben weiter ohne diese Erkenntnis und würde das Böse nicht bemerkt, dann geschähe durch dieses passive Akzeptieren noch mehr Böses. Böses, das offensichtlich wird, ist daher gut, denn die Menschen erwachen dann zu der Erkenntnis ihrer Nöte.

Wie solltet ihr also reagieren? Wir antworten, dass der Mensch, der Gott sucht, sein ganzes Wesen auf das Licht konzentrieren soll – nicht zum eigenen Nutzen, sondern für die anderen, die auf dem Weg sind. Wenn ein Mensch für einem Bruder oder eine Schwester mitfühlt, nimmt er in gewisser Weise das Leid der Menschheit auf sich.

Würde die Menschheit nicht des Lichtes bedürfen, gäbe es keine Kriege und kein Chaos. Wenn sie diesem Aspekt des Lebens, den wir das Böse nennen, gegenüberstehen, hungern und dürsten die Menschen nach dem Licht. Daher sollten alle, die sich dem Licht in sich selbst zuwenden, erkennen, was vor sich geht. Wie geringfügig auch immer, sie nehmen das Karma ihres Bruders oder ihrer Schwester auf sich. Weil das Licht im Meister Jesus so stark war, nahm er das Leiden der Welt auf sich – denn er konnte das Bedürfnis der Menschheit nach Licht erkennen. Weil das Licht in euch anzeigt, woran es eurem Bruder oder eurer Schwester mangelt, müsst ihr mit diesem anderen Menschen fühlen, und so müsst ihr notwendigerweise sein oder ihr Karma annehmen.

Wir haben den Einwand gehört, dass es unter bestimmten Umständen keinen Ausweg gibt, als zu kämpfen. Von einem materiellen Standpunkt aus mag das stimmen, aber aus geistiger Sicht kann es niemals richtig sein. Zu kämpfen ist immer, *immer* eine Verletzung des Gesetzes Christi. Es gibt nur einen Weg, Liebe im menschlichen Leben zu empfangen, und der ist, Liebe auszuströmen. Wenn das Gesetz der Liebe verletzt wird, dann werden Leid, Konflikt und Schmerz die Folge sein.

Lasst uns ein Beispiel geben. In der Geschichte von Jesus im Garten Gethsemane *[4] hatte Petrus offensichtlich nicht die innere Bedeutung aller Lehren des Meisters verstanden, sonst hätte er niemals sein Schwert erhoben, um den Herrn zu verteidigen. Manche werden sagen: „Aber man kann doch nicht zusehen, wie ein unschuldiger Mann ermordet wird, ohne zu versuchen, den Mörder zu töten!" Ein schwieriges Problem, nicht wahr? Dennoch hat die Liebe die größte Macht, und wenn diese Kraft von der Seele mit Bestimmtheit ausgesandt wird, wird diese Kraft umso stärker sein. Wir meinen damit folgendes: Würde eine unschuldige Seele angegriffen, dann könnte die Kraft der Liebe die, nehmen wir einmal an, von einem Weißen Bruder oder einem Meister des Lichtes ausströmte, diese Seele beschützen können. Es kann sein, dass die Welt diese Aussage nicht glaubt oder akzeptiert, aber wir machen sie rückhaltlos. Als Petrus das Gesetz der Liebe brach, zerstörte er das Licht und den Schutz, die um den Meister und die Jünger gesammelt waren. Dann wurde der Meister Jesus gefangen genommen und die Jünger flohen.

Jesus sagte zu den Soldaten: „*Wen sucht ihr?*" Als sie antworteten, erwidert er in dem Wissen um ihre Absicht: „*Ich bin es*". So lieferte Jesus sich ihnen aus und unterwarf sich dem Gesetz. Beachtet aber, dass die Soldaten in Übereinstimmung mit dem Gesetz der Liebe zurückwichen – sie konnten nicht Hand an ihn legen, denn er handelte innerhalb des Gesetzes der Liebe. Indem er sagte „*Ich bin es*" stärkte Jesus sich, er schützte sich und baute um sich herum den Schutz des Weißen Lichtes. Was durchbrach dieses große Weiße Licht, das ihn umgab? Es war Petrus, der sein Schwert gegen ein anderes menschliches Geschöpf erhob.

Jesus wies Petrus an, sein Schwert in die Scheide zu stecken und sagte dann: *„Soll ich den Kelch, den mir der Vater gegeben hat, nicht trinken?"* Dies war ein Akt des sich Ergebens. Jesus wollte nicht, dass Petrus oder irgendein anderer Mensch sich seinetwegen in einen Streit einließe. Er akzeptierte, dass seine Aufgabe auf der Erde beendet war und es an der Zeit war, von hinnen zu gehen. Hier ist eine andere Lehre – die Dinge zu akzeptieren, die in euer Leben kommen und nicht zu vermeiden sind, denn das bedeutet, dass sie euer Karma sind. Solch ein Akzeptieren ist eine weitere große Prüfung, ein weiteres großes Geheimnis. Doch ihr werdet feststellen, dass die Weisen und die Eingeweihten sich immer dem Willen des Göttlichen beugen.

Alles fügt sich zum Guten für den Menschen, der Gott liebt. *[5] Wenn ihr also nach dem Ausschau haltet, was ihr für das Böse haltet, werdet ihr es sehen, und es ist sehr hässlich; aber wenn ihr von eurem höheren Standpunkt aus, auf das blickt, was anderen dunkel und böse erscheint, werdet ihr sehen, dass es das Leben im Prozess der Entwicklung ist. Durch eine Seele mag vielen Seelen Schmerz und Leid aufgebürdet werden, aber sofort werdet ihr erstaunt feststellen, dass das, was vorher böse zu sein schien, in Wirklichkeit eine Kraft war, die in Bewegung gesetzt wurde, um Wissen und Gutes zu bringen, um den Menschen Kraft zur weisen Wahl, Urteilskraft und Unterscheidungsvermögen zu vermitteln.

Uns wurde einmal eine tiefgründige Frage gestellt: „Was geschieht mit dem höheren Selbst von Menschen, die wahrhaft bösartige Dinge in dieser Inkarnation tun?

Haben sie immer noch ein höheres Selbst in der himmlischen Welt?“ Wir möchten hierauf antworten, dass ihr hinsichtlich der Taten dieser Menschen nur das Leid seht, welches durch das Böse verursacht wird; aber die Seele, die dieses Leid verursacht, weiß nicht notwendigerweise, dass sie Schlimmes tut. Ihr werdet sagen: „Oh, aber sie *muss* es wissen“. Aber ihr wisst auch sehr wohl, dass vieles Argumentieren Schwarzes weiß aussehen lassen kannt. Genau das tut die Seele des Übeltäters. Sie verbirgt vor sich selbst das Entsetzen, das sie verursacht; sie kann sogar denken, dass sie etwas tut, was für andere von höchstem Gewinn ist. Was wir euch also sagen wollen ist, dass während eines solchen Geschehens die Seele vollkommen von ihrem höheren Aspekt abgeschnitten ist. Das höhere Selbst ist für diese Zeit ein Teil des Wesens, dem es unmöglich ist, den Teil, der so befangen oder verstrickt ist, zu erreichen. Das ist die Antwort, so einfach, wie wir sie geben können: Dass der „Sünder“ während dieser Zeit vom höheren Selbst abgeschnitten ist.

Das ist ein anderer Grund dafür, warum es weise ist, sich daran zu erinnern, wie unmöglich es für einen begrenzten Verstand ist, trotz des Anscheins, die böse Absicht einer anderen Seele zu beurteilen.

Gott ist vollkommene Liebe. Seine/Ihre Wege sind sanft und freundlich; und wenn die Seele willens ist, sich der Liebe Gottes zu öffnen, wird sie mit allen Segnungen erfüllt werden. Wenn die Seele widerspenstig und blind ist, dann schlägt sie ihren Kopf gegen die kosmische Wand – denn die gibt es. Die Seele muss Sanftmut lernen, muss lernen, zu akzeptieren, demütig zu sein und friedvoll

– all das sind Qualitäten des Christusgeistes – aber sie muss das nicht notwendigerweise auf die harte Weise lernen. Wir haben gesagt, dass die Seele, wenn sie will, viel durch Glück und Freude lernen kann, durch Schönheit und Überfluss. Aber werden die Lektionen nicht gelernt, dann werden diese Dinge fortgenommen und die Seele lernt durch den Mangel an ihnen.

Gott hat euch den freien Willen gegeben, und ihr müsst geprüft werden, wie ihr diesen freien Willen einsetzt. Ihr werdet viele Male geprüft. Ihr könnt mit dem konfrontiert werden, was böse zu sein scheint, aber wenn eure Augen geöffnet worden sind, werdet ihr sehen, dass das, was ihr für böse hieltet, nur Gutes war; denn ihr wurdet geprüft – die Kraft eures Geistes wurde geprüft. Gott führt euch nicht in das Böse, aber ihr braucht Gottes Schutz, wenn ihr in der Gegenwart des Versuchers seid. Ihr bittet um Gottes Schutz, ihr bittet darum, dass eure Augen geöffnet werden, so dass ihr alles Gute erkennt, alle Weisheit, alle Liebe, und darum, dass ihr in Gott bleibt.

Was geschieht in eurer Welt?

Für den gewöhnlichen Menschen scheint das Leben in der Regel chaotisch zu sein. Es gibt im Leben auf der Erde so viele Probleme, für die die menschliche Seele keine Lösungen kennt. Doch immer wieder sagen wir euch, dass vollkommene Gesetze sogar das sterbliche Leben regieren, und dass vom Höchsten bis zum Niedersten alles dem Gesetz und der Ordnung unterliegt. Wenn ihr also eure Welt betrachtet und nicht versteht,

warum sie chaotisch ist, möchten wir euch nochmals versichern, dass ihr wisst, dass alles gut ist, sobald ihr den Garten der Wahrheit betretet, den Garten des Geistes in eurem wahren Zuhause in diesen höheren Sphären.
Einige unter euch haben jedoch den Punkt erreicht, wo sie instinktiv wissen, dass eine weise Absicht hinter dem scheinbaren Chaos sein muss. Ihr versteht das Gesetz nicht, aber intuitiv habt ihr diese Wahrheit gefühlt. Ihr sagt: „Ja, es gibt einen weisen Sinn und Zweck, und eines Tages werden wir ihn begreifen. Im Augenblick können wir nicht verstehen, warum Gott es nicht nur zuzulassen scheint, dass unschuldigen Opfern so viel Leid geschieht, sondern es ihnen offensichtlich aufbürdet." Geliebte, ihr habt einen großen Schritt voran auf dem Weg der Evolution gemacht, wenn ihr wahrhaft sagen könnt: „Es hat einen Sinn und Zweck". Sobald ihr dies erkennen könnt, gelangt ihr in den Bereich der Schwingung der Wahrheit. Vielleicht wird die Wahrheit euch noch nicht enthüllt werden, aber ihr reagiert auf die Schwingung des grundlegenden Gesetze des Kosmos.

Wenn ihr über die Geschehnisse in der Welt verzweifelt seid, dann ermahnt euch, nicht töricht zu sein, sondern euch daran zu erinnern, dass Gott es besser weiß als ihr und besser als irgendjemand sonst. Wenn Dinge auf den Kopf gestellt zu sein scheinen, haltet fest an dieser Wahrheit und wisset, dass Gott Seinen/Ihren Plan verfolgt. Wenn es auch Leid geben mag, so wird letztendlich größeres Glück kommen, viel größer und umfassender als je zuvor. Wir möchten, dass ihr diese Dinge wisst. Wir möchten, dass ihr eine größere Einsicht in die augenblicklichen Umstände auf der Erde gewinnt. Wenn wir sagen, dass wir die Möglichkeit eines Friedens in der einen oder anderen Situation sehen können, dann meinen wir das, und *wir sehen es wirklich*. Wir möchten euch weiterführen in Hoffnung, in Freude. Könnt ihr nicht sehen, dass wir uns bemühen, euch voran zu führen, immer, so dass ihr dem Pfad zur Rechten, dem des Lichtes, folgt. Ihr müsst euch mit den Heerscharen Gottes und dem Guten verbinden, und das, was dem Pfad zur Linken *[6] folgt, außer Acht lassen. Haltet in eurem Herzen den unbeirrbaren Gedanken an Gottes Liebe fest, trotz allen körperlichen Leidens; wisset, dass Gott nach einem viel weiseren und großartigeren Plan handelt als irgend ein menschliches Wesen entwerfen könnte. Könnt ihr nicht Vertrauen in euren Schöpfer haben und an Seine/Ihre Liebe glauben? So möchten wir, dass ihr das Leben als eine große Erfahrung versteht, in der sogar Missklang und Leiden ihren Platz haben. Schwingungen, die sich auf die Erde und die menschliche Seele auswirken, haben einen göttlichen Sinn. So etwas wie Chaos gibt es nicht im Universum. Das Gesetz ist exakt und vollkommen, und alles wirkt zusammen zum Guten. Der Mensch, der das höchste Gut erlangen möchte, muss lernen, alles was kommt, mit Danksagung und Freude zu akzeptieren; und je tiefer, je vernichtender die Erfahrung ist, umso größer ist die endgültige Belohnung. Ihr seid privilegiert, in diesen Tagen leben zu können, obwohl es viele gibt, die eine ruhigere und friedvollere Zeit bevorzugen würden. Aber dies sind Tage großen Erwachens, großer geistiger Kraft und Macht; die Engel des Mars *[7] bringen dem menschlichen Leben die kreativen Feuer, um ein Neues Zeitalter zu erschaffen, eine neue Welt. Es werden große Fortschritte gemacht und noch gemacht werden; die alten Strukturen müssen fallen, müssen niedergerissen werden. Denkt daran, dass alle dem Gesetz von Ursache und Wirkung unterstehen, und kein Leid wird denen geschehen, die dienen und leben sollen, um dieses Zeitalter einzuleiten. Ihre Seelen können nicht berührt werden; ihre Körper werden von einem Strahl des Lichtes eingehüllt und umgeben. Nichts kann das physische Gefäß durchdringen oder zerstören, das von Gott als ein Instrument in dem großen Werk der Grundsteinlegung zum Bau des Tempels des Neuen Zeitalters gebraucht wird.

2

DAS GESETZ DES KARMA

Die Erklärung des Gesetzes

WÄHREND DIE Seele vor ihrer Geburt in einem himmlischen Zustand lebt – einem Zustand, an den sie sich in keiner Weise erinnern kann, sobald sie von Fleisch umhüllt wird – unterrichten Engelwesen jede Seele über ihre besonderen Erfordernisse in der bevorstehenden Inkarnation. Es werden ihr mehrere mögliche Wege gezeigt. In diesem hohen Bewusstseinszustand wählt die Seele ihre Eltern aus und das Leben, das sie auf der Erde führen wird. Sie weiß sehr wohl, dass sie wahrscheinlich physisch, mental und spirituell leiden wird. Wenn sie das vorzieht, wird ihr auch die Gelegenheit gegeben, so zu leben, dass sie in der Lage ist, ihr Karma für die Zukunft zu speichern.

Jede Seele kann von Zeit zu Zeit eine Inkarnation wählen, in der sie in Materialismus, Schmutz und Verkommenheit versinken wird. Aus diesem Grund seid ihr nicht in der Lage, einen anderen Menschen zu beurteilen. Ihr wisst nicht, welch große Seele in einem primitiven Körper leben mag; auch kennt ihr nicht den Grund für die Wahl dieser besonderen Lebenserfahrung. Ein fortgeschrittener Bruder, eine fortgeschrittene Schwester mag aus Gründen des Karma wählen, in die Tiefen hinab zu steigen, um desto schneller einen höheren Rang zu erreichen. Es mag so aussehen, als habe eine andere Seele ein leichtes Leben, sie genieße materiellen Reichtum, brauche kein Leid zu erdulden, habe offensichtlich die Freiheit zu reisen, zu studieren und alle Schönheit der Erde zu genießen; und dennoch kann es sein, dass sie in euren Augen keine fortgeschrittene Seele zu sein scheint.

Ihr sagt vielleicht: „Wie kann dieser oder jener all diese Dinge besitzen und trotzdem so egoistisch und primitiv sein?“ Vielleicht hat diese Seele in der Vergangenheit gutes Karma angesammelt; obwohl sie vielleicht nicht sehr fortgeschritten ist, hat sie vielleicht ein Gutgaben in der, wie wir das nennen, karmischen Bank angesammelt, ein Guthaben, das in einer bestimmten Inkarnation auszugeben oder zu benutzen sie gewählt hat. Oder die Seele mag dieses Karma benutzen, um wieder als eine sehr machtvolle und starke Persönlichkeit inkarniert zu werden. Durch eine solche Erfahrung mag es die Möglichkeit von Gefahr und Leiden geben, aber das Individuum hat seinen Weg gewählt in dem vollen Wissen um den Preis, den es für den falschen Gebrauch von Möglichkeiten zahlen wird. Die Menschen kehren auch zu Umständen in der physischen Welt zurück, die sie vorher für sich erschufen. Wir wissen, dass diese Aussage sofort Fragen auslösen wird, wie etwa: „Warum sollte ich zu solchen Lebensbedingungen zurückkehren?“ „Warum kann ich mich nicht an mein früheres Leben erinnern?“ „Warum muss ich leiden, wenn ich doch nicht weiß, warum ich leiden muss?“. „Wie ist es möglich, dass ich schwach und unfähig zu sein scheine, mich zu disziplinieren, zu kontrollieren und mein Leben besser zu ordnen?“ „Wie kommt es, dass mein Nachbar stark ist und all die Dinge tun kann, die ich tun möchte aber nicht tun kann?”

Dies sind die Fragen, die so schnell im *niederen* Verstand auftauchen, sobald der Engel kommt, um die Seele zu lehren und zu geistiger Wahrheit zu erwecken. Viele sind heute so beseelt und erweckt, dass sie intuitiv wissen, dass sie früher schon gelebt haben und die Tatsache akzeptieren, dass sie alle Probleme, Schwierigkeiten und alles Elend, mit dem sie sich konfrontiert sehen, verdient haben – sogar was sie selbst angeht, ihren eigenen Charakter ebenso wie die äußeren Umstände ihres Lebens.

Das Gesetz des Karma regiert das ganze Leben und ist keineswegs immer schlecht, denn während ihr Schulden abzahlt, die ihr in der Vergangenheit gemacht habt, werden euch auch Gelegenheiten angeboten, euer Karma umzuwandeln. Auf einer bestimmten Stufe auf dem Weg der geistigen Entwicklung wird die Seele befähigt, ihre vergangenen Schulden und Guthaben zu sehen. Die Seele erkennt vielleicht bestimmte Menschen wieder, die sie in der Vergangenheit verletzt haben. Obwohl sie ihr früher Verletzungen zufügten, scheinen sie keinerlei gutes Karma in diesem folgenden Leben zurück zu zahlen. Aber die so geplagte Seele nimmt durch ihre Einstellung und ihre mitfühlende Reaktion wieder gutes Karma auf und speichert es.

Karma ist nicht Bestrafung

Das göttliche Gesetz regiert die gesamte menschliche Existenz. Dennoch möchten wir der Vorstellung von Karma einen Aspekt geben, der sich unterscheidet von der Vorstellung des Karmas als einer Art von Bestrafung, die für Missetaten zugemessen wird. Gott ist Liebe, und der Schrei der erwachsenen Menschen oder gar der Kinder ist etwa wie folgt: „Wenn Gott Liebe ist, warum erlaubt Er/Sie dieses Leiden oder diese Katastrophe?". „Wo ist Gott, dass er diesen schrecklichen Krieg zulässt?". „Warum lässt Gott es zu, dass kleine Kinder leiden, dass sie misshandelt werden und verhungern?"

Die Menschen müssen das Leiden derer, die sie lieben, miterleben und sie müssen selber leiden. Manchmal sind sie voller Groll, vielleicht wenn sie einen lieben Verwandten oder Freund in einer besonders viel versprechenden Zeit seines Lebens leiden oder vielleicht gar sterben sehen. Natürlich stellen sie die Liebe Gottes in Frage. Und wenn er heute die Welt sieht und das Blutvergießen und Leiden vor Augen hat, entsteigt dem Herzen des mitfühlenden Menschen ein lauter Schrei, so wie wir es beschrieben haben.

Haltet mit uns inne und denkt nach. Gott ist das Gute – das Wort „Gott" *bedeutet* gut. Gott erweckt in jedem Augenblick im Herzen der Menschen Schönheit und ein nicht zu beschreibendes Gefühl der Ekstase und Dankbarkeit. Es gibt nicht eine einzige Seele, die niemals Anlass hatte „Danke, Gott" zu sagen. Es kann ein Augenblick großer Freude während eines Urlaubs gewesen sein; oder nachdem eine Wolke vorüber zog – ein Leid oder eine Verletzung – oder nach einer Versöhnung. Vielleicht war es, als der geliebte Mensch in unser Leben trat. Diese menschliche Liebe, die zu vielen Menschen kommt, ist wirklich eine Antwort Gottes auf dieses innere Sehnen und Suchen nach einem Ideal, nach einem

Gefährten, nach Schönheit. Es ist die Suche nach Gott, die die Menschen drängt, einen Gefährten zu suchen. Die Suche nach Gott ist der Antrieb hinter aller Natur, die Suche nach dem Blühen der Blumen.

Dieser Antrieb verschafft den Menschen eine gewisse Zufriedenheit, so kommt Gott und spricht im menschlichen Herzen; aber die Menschen erkennen die Stimme nicht als die Stimme Gottes, und so schreiben sie es der „Natur“ zu. Aber jedes Gefühl der Freude und des Glückes, jedes Genießen von Schönheit durch die Sinne, in welcher Form auch immer, ist das Ergebnis des Ausdrucks Gottes durch den physischen Organismus.

Wir alle kennen die Freude, die aus der Gemeinschaft mit dem Freund entsteht, der im Einklang mit uns ist. Sie kommt, wenn durch sie und unsere eigenen Herzen etwas Unaussprechliches Ausdruck findet, etwas, das den menschlichen Verstand übersteigt. Der menschliche Verstand kann Gott nicht analysieren. In den Bibliotheken sind Bücher über Gott vom Boden bis zur Decke aufgestapelt, aber der Verstand wird dem Menschen nie Gott sichtbar werden lassen. Gott ist nur an einem bestimmten Punkt auf dem Wege der Erfahrung zu finden, wenn Er/Sie durch das Herz spricht. Wenn das geschieht, *weiß* der Mensch und wird nie wieder die Liebe Gottes in Frage stellen. Der Mann, welcher der Sohn Gottes ist, und die Frau, welche die Tochter Gottes ist, stellen *niemals* bewusst Gottes Liebe in Frage.

Letztendlich kommen wir alle zu dieser Erkenntnis: dass Gott Liebe ist, und dass alles, was sich auf der Erde manifestiert, das Ergebnis der Liebe Gottes ist. Könnte jedem Mitglied der menschlichen Rasse eine Abschrift seiner karmischen Bilanz vor Augen geführt werden und könnte es den göttlichen Plan am Werke sehen, welche Veränderung wäre die Folge! Und wenn jedem Mitglied der menschlichen Rasse gezeigt werden könnte, mit welcher Sicherheit jede Tat auf den Urheber zurückfällt, würde es zweimal denken, ehe es Schmerz zufügt. Unser vergangenes Karma kann nicht verändert werden, aber das zukünftige Karma haben wir in der Hand; und könnt ihr daher, meine Lieben, nicht akzeptieren, dass es weise ist, euch um Disziplin gegenüber den Gesetzen Gottes zu bemühen? Kontrolliert euch, eure Gedanken, eure Sprache; seid freundlich und liebevoll. Es läuft alles auf eines hinaus: seid freundlich und mitfühlend, und fügt niemals vorsätzlich irgendeinem lebendigen Geschöpf durch Gedanken, Reden oder Handeln einen Schmerz zu. Diejenigen, die gelernt haben, wie sehr die Gedankenlosigkeit oder Unwissenheit oder Vorsätzlichkeit eines anderen verletzen kann, werden in der Zukunft nicht unachtsam sein. Die Meister der Weisheit fügen niemals Schmerz zu – sie sind ganz Liebe, ganz Mitgefühl. Aber sie anerkennen auch das Gesetz. Sie wissen, dass jedes Leben letztendlich ausgeglichen und zum Göttlichen Licht, der Quelle allen Lebens, buchstäblich *ausgerichtet* werden muss.

Nationales Karma

Es gibt auch ein nationales Karma und alle Nationen haben karmische Schulden, die sie bezahlen müssen. Die Seelen, die von diesen karmischen Schulden betroffen sind, inkarnieren sich gewöhnlich so, dass sie einen Anteil an der Tilgung der Schulden auf sich nehmen. Es ist ein exaktes Gesetz. Wenn Seelen für ein nationales Karma verantwortlich oder darin verwickelt sind, werden diese Seelen zurückgezogen, um das nationale Karma zu erleiden. Das Ziel einer solchen Inkarnation ist, dass sie lernen sollen, nicht zu versäumen, auf die guten Schwingungen zu reagieren. Ihr Fehler ist meistens ihrem Versäumnis zuzuschreiben – der Sünde der Unterlassung. Es ist euch noch nicht möglich, den ganzen Plan zu sehen; wir sind durch das, was wir mit den Augen des Geistes gesehen haben, überzeugt, dass vollkommene Gerechtigkeit in der Welt des Geistes herrscht. Das ist nicht notwendigerweise eine Gerechtigkeit, wie ihr sie versteht, denn ihr seht so viel, was ihr ungerecht nennt.

Das Gesetz ist genau. Diejenigen, die schuldig sind, da sie schreckliches Leid verursacht haben, müssen durch eben diese Tat wieder zurückgezogen werden, um zu leiden. Jede Nation, die Grausamkeit zufügt, wird ihrerseits leiden. Durch Leid lernt jede Seele letztendlich die Lektionen des Gesetzes der Liebe.

Die Älteren Brüder sehen Möglichkeiten; sie wissen, dass bestimmte Dinge innerhalb einer bestimmte Zeit geschehen werden, wenn die Menschheit eine bestimmte Richtung einschlagen wird. Sie werden alles ihnen mögliche tun, der Menschheit zu helfen, dieser Manifestation des Lichtes und der Wahrheit gewahr zu werden. Aber wenn die Menschheit einen Seitenweg wählt – nun, dann wird es eine lange Zeit dauern, und der Weg wird rauer und schwieriger.

Die Menschheit hat Wahlfreiheit. Vergesst das niemals; es gab oft eine Gelegenheit zur Regelung menschlicher Probleme und Schwierigkeiten durch Bruderschaft. Wäre da nicht Mangel an Vertrauen in Bruderschaft gewesen, hätte Frieden obsiegt. Aber die Menschheit hat Wahlfreiheit. Die Gelegenheit den höheren Weg zu wählen (der für den materiell Eingestellten immer der schwierigste ist) bietet sich Tag für Tag; aber wenn die Menschheit nicht darauf eingehen kann – wenn ein Mensch – wenn eine Nation, wenn eine Welt – eine solche Gelegenheit zurückweist, dann muss sie ihre Lektion lernen, indem sie den anderen Weg einschlägt, den Weg des Leids und der Schwierigkeiten. Aber diese beiden Wege liegen dicht beieinander und können sich jederzeit wieder kreuzen.

Die Menschheit kann großmütig und geistig der Stimme Gottes antworten. Aber sie hat noch kein ausreichendes Vertrauen in die Stimme Gottes. Obwohl sie in der augenblicklichen Zeit eine mutige Anstrengung unternimmt, gibt es noch nicht ausreichend gutes Denken oder Gottes-Denken in der Welt. Dies, Brüder, ist der Grund dafür, dass die Hierarchien uns angewiesen haben, ohne Unterlass eine Botschaft des Friedens und guten Willens zu betonen, um die Menschheit ständig auf dem schöpferischen Weg voran zu drängen. Damit werden wir fortfahren. So ein Weg sollte auch der eure sein, meine Brüder und Schwestern: ihr, die ihr einmal das Licht gesehen habt, müsst euch eine positive Einstellung bewahren, in dem Wissen, dass Bruderschaft und der Wille zum Guten der einzig mögliche Weg für die Menschheit ist, der schließlich auf der Erde fest begründet sein wird.

Karmische Lektionen beschleunigen

Ihr mögt euch fragen, ob das Karma einer Seele es ihr erlaubt, der Welt zu entsagen, wenn sie es möchte? Es ist wahr, wenn die Seele darauf vorbereitet ist, den Preis des Leidens zu bezahlen, dass ihr Karma beschleunigt wird, und sie in eine Inkarnation das Karma hineinzwängen kann, das bei gemächlicher Gangart zehn Inkarnationen beanspruchen würde. Ehe die Seele sich inkarniert, werden ihr die Möglichkeiten für den Fortschritt aufgezeigt, vielleicht drei verschiedene Leben. Doch eines der Ziele einer Inkarnation ist es, euch in die Lage zu versetzen, bestimmte karmische Schulden zu begleichen. Es gibt ein bestimmtes Maß an freiem Willen, aber welchen Weg ihr auch immer wählt, in jedem Fall werdet ihr in Kontakt mit Seelen gebracht, bei denen Schulden bezahlt werden müssen.

Wenn die herrliche Vision euch zuteil wird und ihr sagt: „Ich *muss* dieses himmlische Ziel erreichen!", dann werden die Herren des Karma auf ihre eigene Art und Weise dafür sorgen, dass das Bündel eurer ausstehenden Verpflichtungen beglichen wird. Aber ihr braucht ein großes Guthaben auf eurer spirituellen Bank – etwas, was sehr wenige von uns haben.

Einige unter euch sprechen zu leichtfertig über Karma, da sie nicht verstehen, wie es euer Leben auf der physischen Ebene regiert; und Karma, obwohl es etwas unangenehm sein mag, ist ein wunderbarer Freund. Durch euer Karma, wenn ihr es akzeptiert und weise nutzt, lernt ihr eure Lektionen und überwindet so die

Barrieren, die eure geistige Entwicklung und eure geistige Freiheit aufhalten. Das Karma bietet Gelegenheiten und Möglichkeiten.

Daher sagen wir euch gerne folgendes: Ihr könnt nicht frei werden, ehe ihr eurem Karma nicht ruhig und gelassen begegnet seid, indem ihr, um mit den karmischen Gegebenheiten weise umgehen zu können, beständig zu der Gottheit aufblickt. Versucht daher euer Karma zu akzeptieren, sogar das der mentalen Ebene.

Damit meinen wir, dass ihr sogar durch eure Gedanken mentales Karma schafft, welches zurückkommt, um sich in einer sehr handgreiflichen Form zu manifestieren. Ein bei der Menschheit allgemein verbreiteter Fehler ist, das geistige Gesetz bis zum Äußersten herauszufordern. Eure Bibel sagt: „*Du sollst den Herrn, deinen Gott, nicht versuchen*". *[8] Wenn ihr eure Hand zu sehr der Flamme nähert, wird diese Flamme euch verbrennen und ihr werdet lange Zeit eine schmerzende Hand haben, es sei denn ihr habt die okkulte Kraft und das Wissen, eure Hand zu schützen. Viele Menschen gehen vorsätzlich ein Risiko wie dieses ein, da sie töricht sind, so dass ihre Körper mit der Zeit Krankheiten entwickeln, die nicht nur ihnen selbst, sondern auch anderen Schmerzen und Probleme verursachen.

Glaubt nicht, dass wir nicht Mitgefühl hätten mit denen, die krank sind. Wir kommen sofort mit Heilkraft zu euch, aber das ändert nichts an der Tatsache, dass es das übertretene Gesetz war, welches das Leiden ursprünglich verursacht hat. Karma wirkt manchmal sehr schnell. Es kann sein, dass ihr für Dummheit sofort leiden müsst.

Natürlich gibt es auch schwerwiegende körperliche Zustände, die Folgen von Taten in vergangenen Inkarnationen sind. Manchmal gibt es ein Aufhäufen von Karma. Wenn die Seele sich schließlich dem geistigen Leben zuwendet und dieses ersehnt, weil sie die Wahrheit gesehen hat und weiß, dass es allein das Licht ist, was sie will, wird sie mit dem angesammelten Karma konfrontiert, und alle karmischen Schulden müssen bereinigt werden, ehe sie richtigen Fortschritt machen kann. Mit anderen Worten, der Garten muss gut gejätet und gereinigt und für das nächste Pflanzen vorbereitet werden. In einem von Unkraut wucherndem Garten können keine Blumen blühen. Aber obwohl Karma unangenehm sein kann, bringt es in seinem Gefolge sowohl Weisheit als auch Freude, denn indem ihr die karmischen Schmerzen durchlebt, gelangt ihr hinaus ins Licht und fühlt und erlebt große Freude beim Anblick des Lichtes und das Gefühl der himmlischen Liebe, das die Weisheit mit sich bringt.

Das Karma von Krankheit und Heilung

Wenn ihr einen Patienten mit geistiger Heilung behandelt, ist seine Krankheit durch eine Blockade in der Aufnahme der Lebensessenz verursacht. Vollkommen harmonische Körper und Seelen, die ganz im Gleichgewicht und vollkommen in Ordnung sind, sind für dic Aufnahme dieser Essenz immer offen.

Die Lebensessenz kann reichlich und üppig in der Vegetation gefunden werden. Sie kann auch in Licht und Farbe gefunden werden. Ihr werdet feststellen, dass ein bestimmtes Licht und gewisse Farben in der Zukunft zum Beispiel bei der Heilung von Krebs viel häufiger verwandt werden. Doch nicht alle Patienten sind empfänglich für diese Form der Heilung. Manchen muss diese Lebensessenz in anderer Form zugeführt werden. Sie kann in Form bestimmter Nahrungsmittel gegeben werden – mit belebender und Leben spendender Nahrung. Andere werden sie aus Mineralien aufnehmen, denn die Essenz kann im Mineralienreich gefunden und heute in dieser Form destilliert und verabreicht werden. Es gibt kein festgelegtes Heilverfahren für alle Patienten. Die Verfassung jedes Leidenden ist unterschiedlich und erfordert eine Behandlungsmethode, die seinem eigenen Entwicklungsstand gemäß ist. Die Schwierigkeit liegt in der Qualität des Bewusstseins des Patienten (wovon ihr bisher noch nicht viel versteht), und diese Qualität des Bewusstseins ist etwas, was jedes Individuum aus der Vergangenheit her mitbringt.

Es ist wahr, dass bestimmte Krankheiten Folge von Erlebnissen früherer Leben sind. Viele so genannte unheilbare Krankheiten sind der Reiseweg, den der höhere Teil des Individuums gewählt hat, um eine erwünschte Lektion durch Leiden zu erlernen. Bedenkt, dass diese Krankheiten sich nicht nur auf den Patienten auswirken, sondern auch andere in Mitleidenschaft ziehen, die mit ihm in Kontakt stehen. Das Gesetz des Karmas reicht sehr weit und sein Wirken ist in jedem Leben spürbar. Nicht immer geschieht es in der nächsten Inkarnation, dass ihr auf die Ergebnisse der unmittelbaren Vergangenheit stoßt. Das kann zwei oder drei Inkarnationen später geschehen. Auch habt ihr nicht in jeder Inkarnation mit denselben Seelen Kontakt – ihr mögt sie mehrmals auf der gesamten Reise treffen, aber nicht in jeder Inkarnation.

Ihr mögt euch fragen, warum Kinder unter gewissen Krankheiten leiden. Obwohl nur ein Kind an Lebensjahren, mag die Seele älter sein, als erkennbar ist, und diese Seele mag eine Ernte einfahren. Es ist ein schneller Weg, die Seele von einer Unausgewogenheit zu befreien, die durch das Brechen eines heiligen Gesetzes in einer früheren Inkarnation verursacht wurde. Das Kind indessen weiß nichts von dem, was vollbracht wird.

Schwere Arthritis kann entstehen, weil die Seele des Patienten sie entstehen ließ – mit anderen Worten, die Ursachen sind karmischer Natur, und die Seele lernt unbewusst viel Wertvolles durch die von der Krankheit verursachten Beschränkungen und Leiden. Dennoch ist es möglich, sogar schwere Arthritis mit geistigem Heilen zu behandeln. Nichts ist unmöglich. Darum geben wir niemals einen Fall als hoffnungslos auf. Wir wagen nicht, das zu sagen, denn es würde gegen geistiges Gesetz verstoßen. In der Tat gibt es nichts, wo Hilfe unmöglich ist und das nicht von dem Meister des Lebens beseitigt werden könnte. Wir wissen, dass manche Fälle sehr schwierig sind, und es kann sein, dass der Patient aus einem bestimmten Grund unbewusst die Heilung verzögert.

Wenn du ein Heiler bist, gib immer Sympathie und Liebe und Mitgefühl, wie die Umstände auch immer sein mögen. Gib immer die Heilung, aber lass immer deinen Willen außer Acht. Der Heiler darf niemals versuchen, den Patienten zu beherrschen. Du gibst aus Liebe, aber es bleibt dem Patienten überlassen, ob er aufnahmebereit ist oder nicht. Der Heiler darf sich keine Vorwürfe machen, wenn sich keine physischen Ergebnisse einzustellen scheinen. Sei *immer* eingedenk, dass wahre Heilung, liebende Heilung niemals, niemals verschwendet ist, sondern von großem und wunderbarem Dienst für den Patienten. Das gilt so für alle Arten von Heilung.

Wir geben den Engeln die Substanz, das Material, aus dem unsere nächste Lebensform Gestalt annehmen wird. So könnt ihr also nun sehen, dass es einen tiefen geistigen Grund dafür gibt, wenn eine Seele mit einer Missbildung oder einer Krankheit geboren wird. Es gibt keinen Grund dafür, dass irgendjemand diese Leidenden mit Verachtung oder Kritik betrachtet, nicht einmal mit Mitleid, sondern nur mit Liebe, die den Wunsch erwecken wird, Liebe zu schenken, dem Leidenden beizustehen. Sei nicht enttäuscht, wenn du als Heiler keine Reaktion von einem Patienten erhältst. Sei dir bewusst, dass du in Einklang mit dem kosmischen Gesetz arbeiten musst. Manchmal können Umstände nicht geheilt werden; sei nicht enttäuscht, wenn deine Anstrengungen vergeblich zu sein scheinen, sondern erkenne, dass das Gesetz des Karmas am Werke ist. Manche Seelen wählen den Weg des physischen und manche den Weg des geistigen und mentalen Leidens.

Wie wir gesagt haben, ihr dürft mit eurer Heilkraft nichts erzwingen wollen. Wenn der Patient nicht innerhalb einer bestimmten Zeit reagiert, dann gibt es dafür einen geistigen Grund. Ihr solltet fortfahren, der Seele

Licht und Frieden und Liebe zu geben und der Hartnäckigkeit des Körpers wenig Beachtung schenken. Göttliches Gesetz zu behindern ist eine Sünde, aber Liebe und Licht zu geben, ist immer ein Dienst und wird niemals sein letztendliches Ziel verfehlen. Außerdem wird es zu *eurem* Guthaben an gutem Karma beitragen.

Ihr mögt weiterhin fragen: „Ist es richtig, wenn ein Arzt das Leben eines Patienten beendet, der unter schlimmsten Schmerzen leidet?“ Es scheint viel Für und Wider bei diesem Problem zu geben. Wir verlangen von euch nicht, unsere Antwort zu akzeptieren, aber wir müssen antworten, denn für uns ist es wahr: Nein. Es gibt keinen Umstand unter dem wir sagen könnten: „Ja, beendet das Leben“. Nur Gott kann das tun. Gott gibt Leben. Gott ruft die Seele zurück. Vom geistigen Aspekt her wird die Seele dem Körper anhaften, solange, bis die Zeit gekommen ist, die Gott für ihr Fortgehen bestimmt hat. Wir bezweifeln, dass durch die künstliche Befreiung einer Seele von ihrem Schmerz erfüllten Körper irgendetwas Gutes bewirkt wird. Tut mit allen euch zur Verfügung stehenden Mitteln alles, um Schmerzen zu erleichtern, tut alles was euch möglich ist, um eurem Bruder oder eurer Schwester zu helfen, sein oder ihr Schicksal zu ertragen, aber greift nicht in den göttlichen Willen ein. Gott ist allwissend, allweise. Es sind durch alles Leben hindurch geistige Gesetze am Werke. Es ist eure Pflicht als menschliche Wesen diese Gesetze zu lernen und euch zu bemühen, im Einklang mit göttlicher Wahrheit zu leben. Schmerz ist ein großer Lehrer. Schmerz ist etwas, was die Seele an sich zieht. Mutiges Ertragen von Schmerzen bringt seinen Segen und ihr würdet nicht wünschen, das Werkzeug zu sein, mit dem eine geliebte Seele ihrer Belohnung beraubt wird.

Geistiges Heilen ist die Arbeit eines Engels, und der Heiler muss es als gutes Karma ansehen, als eine Gelegenheit, die ihm in dieser Lebenszeit gegeben wurde, als die Folge von Freundlichkeit, die er in der Vergangenheit erwiesen hat. So geht es weiter, und das gute Karma von heute wird sich morgen oder in kommenden Jahren als ein sich ständig verstärkendes Glücksgefühl und als Erkenntnis der göttlichen Qualitäten der Seele erweisen.

Wenn die Seele lernt, ihre ungestümen Gefühle zu beherrschen, ruhig, freundlich, liebevoll zu leben, dann sollte daraus folgen, dass der physische Körper, der die Seele beherbergt, zu gegebener Zeit gesund und wirklich vollkommen wird. Wir rühren hier vielleicht an einen recht wunden Punkt, denn viele Menschen leiden mehr oder weniger an Krankheiten; der Körper ist selten der vollkommene Ausdruck des Christus im Inneren. Aber wie viele Menschen sind sich schon darüber im Klaren, dass undisziplinierte und unkontrollierte Gefühle ihren Blutkreislauf und ihr Drüsensystem stören, und dass dies im Laufe der Zeit geringfügige und später dann vielleicht schwerwiegendere Leiden verursacht. Das sollte natürlich nicht geschehen. Nachdem die Wassereinweihung*[9] bestanden wurde, kann die Seele ruhig, geduldig und glücklich Tag um Tag leben: gelassen und ungestört, nur über die himmlischen, die wahren Zustände des Gotteslebens reflektierend. Im Laufe der Zeit wird sie in der

Lage sein, durch den Körper ihre eigene vollkommene Ganzheit oder Gesundheit auszudrücken.

Nun, wir wissen, wie viele von euch gelitten haben, wie vielen unter euch es an Harmonie mangelt. Ihr habt Leid gekannt und Schmerz und Angst. Wir wissen auch, da wir in einem physischen Körper gelebt haben, dass er ein schwaches Gefäß zu sein scheint. Wir wissen, dass er oft müde und matt ist. Wir fühlen euren Kummer. Wir fühlen euren Schmerz. Aber, oh meine Kinder, das ist nur vergänglich! Das wird vorübergehen. Blickt auf zum Himmlischen Vater und zur Göttlichen Mutter und bedenkt, dass die Welt des Geistes ein sehr schöner, harmonischer Ort ist – und euch überall umgibt.

Wir werden euch ein ganz einfaches Beispiel hierfür geben. Denkt an euren Frühling: die Schönheit der Frühlingsblumen und die ersten Blätter der Bäume, das Grün des Grases, das wunderbare Grün des hervorsprießenden Getreides. Ihr betrachtet diese Schönheiten der Natur, die Harmonie, die im Überfluss vorhanden ist; und während ihr das tut, wisst ihr innerlich, dass dies die Manifestationen der Schönheit des göttlichen Geistes sind.

Die braune Erde muss gesegnet werden, muss vom Schöpferischen Geist umsorgt werden. Die braune Erde ist das Symbol der Großen Mutter, der Muttergottheit, von Mutter Erde, die das Saatbeet aller Gaben für das menschliche und tierische Leben sowie aller Schöpfung ist. Die braune Erde ist das Saatbeet. Aber ohne den Geist des himmlischen Vaters, ohne diese göttliche Energie und diesen Willen könnte nichts wachsen. Es ist das Gesetz oder der Befehl, den Gott dem Sonnenlicht und der

Wärme, dem Wind, der Luft und den Wasserströmen gibt, die bewirken, dass Regen fällt und die Erde segnet. Es gibt Zeiten, da seid ihr sehr verärgert, wenn es regnet – aber bedenkt, dass der Regen und die Luft und das Sonnenlicht alle Teil eures Lebens sind, und Teil von Gottes Naturgesetz.

Wenn dieser Gedanke in eurem Bewusstsein klar verankert ist, dann wird all das, mit dem ihr im Leben auch immer konfrontiert werdet, die Form einer Erfahrung annehmen, die geplant wurde, um euch letztendlich die Freude Gottes zu bringen. Und so sagen wir, dass Gott Mutter und Vater ist, göttliche Weisheit, göttliche Liebe, göttliche Macht, immer am Werk hinter allen Formen und Manifestationen des Lebens. Gottes Kinder sind Funken der göttlichen Liebe und wachsen und entwickeln sich als Kinder Gottes; so dass sie lernen mögen, wie sie dieses Glück ausdrücken können, das Gott kennt, und das Gott gleich einem Saatkorn in jeden Atem oder jeden Funken Seiner/Ihrer Lebenskraft gelegt hat.

Es kann sein, dass ihr das akzeptiert, aber trotzdem fragt: „Wie kann eine Seele glücklich sein im Bewusstsein vollkommener Liebe, wenn es so viel Schmerz und Grausamkeit auf den unteren Ebenen gibt, und so viele anscheinend unschuldige Menschen leiden?“ Wir antworten, dass die Menschen das vollkommene Ganze sehen, wenn sie den Gipfel des Glückes erreicht haben; sie können dann das ganze Bild sehen, und nicht nur vereinzelte Formen von Schmerz und Leid. Manche Menschen sagen, sogar Gott müsse leiden, aber wir möchten euch sagen, dass Gott jenseits allen Leidens ist. Wenn eine menschliche Seele die Ebene des Gottes-Bewusstseins erreicht, atmet sie Heilung und Liebe aus und lebt allezeit so, dass sie die Entwicklung der ungeformten und unvollkommenen Wesen zur Vollkommenheit hin bewirkt.

Wenn ihr selber leidend seid, dann fasst Mut aus dem, was wir sagen und versucht, es zu verstehen. Versucht, diese Wahrheit in euch aufzunehmen und wisset, dass es immer ein Morgen gibt, immer eine neue Gelegenheit. Bemüht euch, all die höheren Körper harmonisch in Einklang mit dem geistigen Gesetz zu bringen, und dann wird im Laufe der Zeit wieder ein neuer Körper der Gesundheit und Vollkommenheit in euch erschaffen werden, ein Körper der Harmonie – ein himmlischer Körper, wenn ihr so wollt.

Unschuldiges Leiden?

Auf Erden werdet ihr verzehrt von euren eigenen Gefühlen, gepeinigt von eurer Vorstellung von Leid. In der Tat, wenn sie in einen leidenden Körper eingeschlossen sind, finden die Menschen es sehr schwer, über ihren Schmerz hinaus zu schauen. Wenn die Seele befreit ist von ihrer materiellen und physischen Knechtschaft, wenn sie in das Licht hinein befreit ist, dann versteht sie, dass Gott ganz Liebe ist, wie verworren der physische Anschein auch immer sein mag. Das Gottes-Leben wirkt als eine unendliche, wohltätige Kraft, die langsam, langsam Richtiges und Gutes aus Falschem und Dunkelheit entstehen lässt. Vom irdischen Standpunkt aus seht ihr schreckliches physisches Leid. Bedenkt jedoch, dass es einen Ausgleich durch das Wachstum der Seele gibt. Warum lässt Gott es zu, dass Unschuldige leiden? Weil Gott sie liebt – darum! – und wieder seht ihr nur die eine Seite des Bildes. Es ist gleich, ob wir von einem Individuum sprechen oder von einer Nation, Gott sieht alle Seiten des Bildes. Ihr seht Leiden; ihr seht vielleicht verstümmelte Körper und gewaltsamen Tod. Ihr kennt nicht die Seelenerfahrung, die da stattfindet, auch wisst ihr nichts über das Erwachen oder das Ergebnis dieser offensichtlichen Tortur und des Leides. Jede Katastrophe ist am Ende eine Gnade. Gott *ist* barmherzig. Gott hat eine Art und Weise, die Leidenden zu umfangen und sie sanft auf grüne Weiden und zu stillen Wassern zu führen. Was bedeutet ein wenig physisches Leiden wirklich im Vergleich mit der unendlichen Zeit, die vor einer Seele liegt?

Wenn ihr eine Katastrophe seht, ringt nicht eure Hände und sagt: „Wie furchtbar! Wie konnte Gott so etwas zulassen?" Denkt vielmehr daran, wie eingeschränkt euer Sehvermögen ist. Ihr seht nicht, was diesen Menschen zugestoßen wäre, wenn sie in ihren Körpern geblieben wären unter den besonderen Umständen und in der Umgebung, in der sie sich befanden. Ihr meint, dass ein Gott der Liebe sie genau so gelassen hätte, wie sie waren, damit sie ihren Weg verfolgen könnten? Denkt daran, dass Gott die Herren des Karmas zum Vorteil des Menschen benutzt (und niedrigere Wesen ebenfalls, in deren Macht es steht, bestimmte Bedingungen für das Gute entstehen zu lassen). Der Weise sagt sofort: „Gott sei gelobt, denn Gott ist allweise und allliebend. Er/Sie bewahrt das Erdenkind vor einem Zustand, vor einem

Unheil sogar, was tatsächlich ungesund für seine Seele gewesen wäre und viel schlimmer als dies". Haltet daher immer in allem was geschieht Ausschau nach dem Guten.

Die Unschuldigen werden beschützt. Ihr kennt die unendliche Liebe und Barmherzigkeit eures Schöpfers nicht. Ihr seht die Dinge nur aus eurer weltlichen Sicht. Ihr erkennt nicht die sanfte, liebende Fürsorge, welche die Leidenden umsorgt und diejenigen, die einsam und in Angst sind. Wenn ihr eine Katastrophe seht – wenn ihr den toten Körper seht, der übrig blieb, oder das leere Haus, dann sagt ihr: „Wie schrecklich! Wie entsetzlich der Tod ist!" Aber ihr kennt die Vorsehung nicht, die für diese Seelen *vorgesorgt* hat, deren Schicksal es ist, in wie es scheint schrecklicher Art und Weise aus dem Körper befreit zu werden. Wir haben so oft gesehen, wie die Seelen von Männern und Frauen in der Welt des Geistes in liebende Arme geschlossen wurden. Wir wissen um die liebende Fürsorge, welche die Umstände gesehen hat, denen sich diese Seele gegenüber sah, und die gesagt hat: „Diese Seele hatte genug. Komm nach Hause, mein Kind." Denkt daran, dass ihr nicht wissen könnt, was auf der anderen Seite des stofflichen Vorhanges ist. Die Seelen, um die es geht, nehmen selber gar nicht wahr, was geschieht. Später wissen sie nur, dass sie leben, sich bewegen, atmen, in einer Welt, die identisch zu sein scheint mit ihrer früheren Welt. Nur mit großer Zärtlichkeit und Fürsorge werden sie zu der Erkenntnis gebracht, dass sie ihren alten Körper verlassen haben. Bis dahin wissen sie nicht, dass sie gestorben sind. Wir im geistigen Leben beobachten ständig diese Seelen, wenn sie zu dieser

Erkenntnis erweckt werden, denn dann empfinden sie eine so intensive Freude und Dankbarkeit, dass ihnen ein so leichter Übergang ermöglicht wurde. Das ist ihre erste Reaktion. Sie stellen fest, dass sie in einer Welt sind, die so stabil und wirklich ist wie die alte Welt, und ganz sicherlich viel schöner. Ihr seht, es gibt diese zärtliche Liebe, die über der Menschheit wacht. Nicht nur zur Zeit des Todes wird diese Liebe deutlich; sie ist immer da und war es immer.

Warum leiden dann die Unschuldigen für die Schuldigen? Das ist nicht der Fall; es scheint nur so zu sein. Aber das Gesetz von Ursache und Wirkung ist präzise. Es gibt immer eine Entschädigung für das Leiden. Die geistigen Gesetze nehmen keine Rücksicht auf Gefühle: Das Gesetz ist gerecht, vollkommen und wahr. Obwohl aus eurer irdischen Sicht der Dinge der Unschuldige zu leiden scheint, ist vom geistigen Standpunkt aus ersichtlich, dass ein wunderbarer Prozess der Reinigung und Heilung als Ergebnis des Leidens in der Seele stattfindet.

Wenn ihr also den Blick auf die leidende Menschheit richtet, besonders auf akutes emotionales Leiden – vielleicht ein Heim, in dem Ehemann und Ehefrau miteinander streiten, oder wo Eltern ihre geliebten Kinder verlieren, oder wenn ihr eine, wie ihr meint, unschuldige und schöne Seele seht, die unter einer schrecklichen Krankheit leidet – werdet ihr dann innehalten und an unsere Worte denken? Denkt an sie besonders dann, wenn ihr selbst leidet; denkt daran, dass ihr vielleicht in einem früheren Leben einem eurer Gefährten beträchtliches Leid zugefügt habt. Wenn das so ist, könnt ihr dann nicht sehen, dass der einzige Weg, eure oder tatsächlich jede Seele zum göttlichen oder Christus-Bewusstsein zu erwecken, darin besteht, eigene Erfahrungen, eigene Gefühle, sogar emotionales, mentales und geistiges Leiden zu durchgehen?

Diese Erlebnisse sind das, was ihr Prüfungen und Versuchungen nennt – sie sind kleinere Einweihungen. Sie führen zu größerer Einweihung, die einen Ausbruch von Licht oder eine große Erleuchtung des menschlichen Geistes mit sich bringt.

Nichts geschieht zufällig

Es ist euch nicht möglich, die Größe oder Herrlichkeit der höheren Engelwesen zu begreifen. Obwohl die Großen so weit entfernt zu sein scheinen, üben sie dennoch einen unmittelbaren Einfluss auf euer Leben aus, in das sie einfachste und trivialste Ereignisse bringen, um den Fortschritt der menschlichen Seele zu bewirken. Nichts geschieht zufällig im menschlichen Leben, aber wir lehnen jene Geisteshaltung ab, die ohne Anstrengung allen Schmutz und alles Elend akzeptiert, mit denen die Menschheit konfrontiert wird.

Das trifft gleichermaßen auf den einzelnen Menschen zu. Es ist ganz gut und schön zu sagen: „Dieses Leiden ist mein Karma; daher muss ich es ertragen", aber das hilft euch nicht, euch dadurch weiter zu entwickeln. Sagt lieber: „Das ist mein Karma und ich muss nach seiner Bedeutung suchen, ich muss feststellen, welche Schwäche in meiner Seele es notwendig macht, dass dieses Leiden in mein Leben kommt". Sucht nach Wissen über euch selbst;

sucht nach Weisheit, damit ihr auf der Erde im vollsten und nützlichsten Umfang lebt. Aber das Motiv hinter eurer Suche sollte sein, dass ihr geistig besser gerüstet seid zum Dienst an Gott, und um dem menschlichen Leiden zu helfen.

Wir möchten euch allen helfen, ihr Lieben, das Wirken eines wunderbaren Plans zu sehen. Obwohl ihr vielleicht im Augenblick betrübt und unglücklich aufgrund des Leidens eines von euch geliebten Menschen seid, werdet ihr dennoch in diesem Leben (vielleicht nicht in dieser Inkarnation) eine wundervolle Entwicklung und Erneuerung sehen. Ihr müsst lernen, dass es nicht allein das Leiden ist, das euch lehrt, sondern eher eure eigene Einstellung: Eure Reaktion, wenn ihr euch Schwierigkeiten und Leid gegenüber seht.

Manchmal könnt ihr den Grund für euer Leiden nicht finden. Wenn ihr erkennt, dass ihr *etwas* lernt, ebnet ihr den Weg für euer eigenes größeres Verständnis. Die Wahrheit, die ihr sucht, wird wie ein Blitz kommen, vielleicht erst einige Zeit, nachdem das Leiden vergangen ist. Ihr lernt die Lektion der Geduld und ebenso die Lektion der Liebe und der Beständigkeit. Wenn ihr durch Schwierigkeiten gehen müsst, haltet fest an der Liebe Gottes. Kümmert euch nicht um das, was geschieht; wenn ihr blind und unfähig seid, die Gründe für das Leiden zu sehen, haltet das Licht in eurer Brust am Brennen und sagt wieder und wieder: „Gott ist mein Vater/meine Mutter; Gott ist das All-Gute, Gott wird mich sicher durch all das bringen“. Hängt nicht euer Herz an materielle Dinge oder sogar an Menschen – wenn sie gehen, lasst sie gehen. Wenn sie euch verletzen und enttäuschen, dann geschieht das, um euch zu lehren. Es gibt nur eines zu fürchten, und das ist die Furcht selbst. Bemüht euch die Furcht zu überwinden, Furcht vor dem Tode, Furcht vor dem Leben, Furcht vor Verlust, Furcht, leiden zu müssen. Das ist das Ziel – alle Furcht zu überwinden und zu erkennen, dass ihr das Kind seid von Vater-Mutter-Gott. Ihr bewegt euch schnell auf das große Erwachen zu. Ihr werdet eine Wiedervereinigung von Nationen und Völkern sehen und den Zerfall der Kräfte der Zerstörung. Blickt nach vorn, blickt nach vorn, blickt nach vorn, nicht nur mit Hoffnung, sondern auch mit der Überzeugung, dass die Bruderschaft des Lebens auf Erden kommen wird.

Aus diesen vielen Beispielen werdet ihr folgern, dass die große und fortgeschrittene Seele treu an ihrem Bewusstsein festhält, dass Gott vollkommen gut ist. Gott schickt menschlichen Wesen nur aus Liebe das Leid. In der Tat, nur indem sie solche Erfahrungen durchmacht, kann die Seele Stärke und Kraft finden, und nur durch Übung kann sie lernen, unerschütterlich zu stehen. Meine Brüder, während wir sprechen, könnt ihr diese innere Gelassenheit in euch entstehen fühlen, diese innere Stärke, die euch zu dem größten Mut inspiriert. Ihr wisst dann, dass nichts die Kraft hat, die ewige Liebe zu zerstören, die lebendige Flamme in euch; dass nichts von großer Bedeutung ist, so lange ihr um Gott oder Christus in euch wisst.

Das innerste, das unpersönliche Selbst verlangt nach Belehrung. Es ist ihm gleich, wie es sie bekommt ... *es möchte die Lektionen unbedingt*. Dieser göttliche Drang in jedem möchte wachsen und sich ausdehnen, sogar mit und durch Schmerz. Das sich inkarnierende Ego wünscht zu wachsen, zuallererst in Gottesbewusstsein, und es weiß, dass es nur durch das Wissen wachsen kann, das es durch Erfahrung erworben hat. Das klingt vielleicht ziemlich unbarmherzig. Aber das tief verborgene Selbst wird im physischen Körper Leiden erzeugen, wenn es keinen anderen Weg des Wachstums sieht. Ihr werdet fragen, wie ist es mit der armen Seele, die unschuldig ist und nicht versteht, warum sie leidet? Es ist wahr, dass der *Verstand* unwissend sein mag, aber in der Seele ist Weisheit. Wäret ihr fähig, den Prozess der geistigen Erleuchtung zu beobachten, der in dem Leidenden stattfinden kann, würdet ihr Gott für die Gabe des Leidens danken. Ihr würdet es noch klarer erkennen, könntet ihr diese Seele zu ihrer Belohnung voranschreiten sehen. Erinnert euch, es gibt Entschädigungen. Ausgleichende Gerechtigkeit ist eines der großen Gesetze, eines der fünf großen Gesetze des Lebens. *[10]

Ihr fragt vielleicht: „Ist der Weg des Leidens notwendig?“ Wir sehen, dass die Menschen selbst dafür sorgen, dass es notwendig ist, aufgrund der Komplikationen, die sie für sich selbst verursachen. Könntet ihr aber das Licht sehen, das der Meister hält, hättet ihr nicht das Gefühl, dass irgendeiner der Wege ein Weg des Leidens wäre, sondern nur ein Weg des strahlenden Lichtes. Er ist nur ein anderer Aspekt des Kreuzes. Das Kreuz wird gewöhnlich als ein Kreuz des Leidens dargestellt, aber es kann, wie wir schon gesagt haben, immer zum Kreuz des Triumphes werden. Obwohl der materielle Verstand den Göttlichen Menschen an das Kreuz nagelte und der Körper offensichtlich gefoltert wurde, war trotzdem der Geist strahlend; er verströmte vom Kreuz strahlenden Glanz, Triumph und Licht. Die Menschheit weist das Licht zurück und bleibt so auf dem Kreuz ausgestreckt.

Seltsamerweise wählen fast alle Seelen das Lernen durch Schmerz und Leid, aber dies ist nicht der einzige Weg. Jede Seele, die auf dem Weg voran schreitet, muss auf der physischen Ebene geprüft werden, dann auf der astralen oder emotionalen Ebene, und dann auf der mentalen Ebene. All eure täglichen Erfahrungen prüfen euch auf der einen oder anderen dieser Ebenen, und nur ihr selbst könnt euch von diesen Schwierigkeiten befreien. Wenn ihr mit einem von euch selbst verursachten Problem konfrontiert werdet, versucht nicht, euch zu entschuldigen. Ihr mögt jedem anderen verzeihen, aber niemals euch selbst. Das scheint eine harte Lehre zu sein, aber wir möchten erklären, dass nur *ihr* die Tür öffnen könnt, die euch zu einer höheren Ebene des Bewusstseins führt.

Es wird weiterhin so sein, dass Fortschritt durch Leiden gemacht wird, solange, bis die Menschheit und jeder Einzelne persönlich sich weigert, zu leiden. Es ist möglich, auf dem Weg der Freude voran zu schreiten, aber wie viele Seelen sind hierfür groß genug? Wenn ihr eure Hand in die Flamme haltet, lernt ihr, dass es brennt. Das Leiden ist der Schutz, durch den ihr gerettet werdet.

Würdet ihr nicht den Schmerz fühlen, wenn ihr eure Hand in das Feuer haltet, könntet ihr eure Hand vollständig verlieren.

Diese Wahrheit werdet ihr immer und immer wieder im Johannesevangelium wiederholt finden, in solchen Aussagen wie: *„Ich bin der wahre Weinstock...“* und *„Ich und der Vater sind eins“*. *[11] Die Seele muss sich darüber klar werden, woher sie kommt und wohin sie geht, ehe sie einen Sinn im Leben findet; sonst schlingert sie in diese oder jene Richtung wie ein Schiff ohne Steuermann. Sobald die Seele ihren Kapitän erkennt, sobald der Kapitän das Kommando übernimmt, tritt wahre Freude an die Stelle von Seelenqual und Kummer. Das geschieht, weil die Seele endlich verstehen kann, dass, um sich selbst neu zu erschaffen und zu erbauen, sie gewisse Erfahrungen durchleben muss, die einige dieser feineren Elemente vom Himmel zu sich herabziehen, um sie auf ewig in den Seelenkörper einzufügen. Leiden kann dies bewirken, *und Freude ebenfalls*.

Der eine große Schrei der Menschheit ist: „Warum leide *ich*?“ Die Antwort ist, du selbst bringst dein Leiden über dich, aber wenn du dich in Vertrauen, Zuversicht und Glauben der unsichtbaren Welt und den unsichtbaren Boten zuwendest, wird dir geholfen, dir selbst zu helfen. Du wirst nicht allein gelassen. Du wirst Begleiter haben. Dennoch, niemand kann deine Arbeit für dich tun. Würde dein geistiger Führer dich vor dir selbst schützen, würde er dich einer wertvollen Seelenlektion berauben. Ein süßes Erwachen wird die Folge sein. Denkt immer an die Liebe, das Erbarmen und die Wahrheit Gottes.

Behaltet euren Glauben an die unsichtbaren Dinge. O, wir bitten euch, dies zu tun, denn diese unsichtbaren Dinge sind eure Helfer! Die unsichtbaren Dinge sind die ewigen Dinge und haben so einen wichtigen Anteil an eurem Leben, an eurer Entwicklung, eurer Entfaltung und an euren menschlichen Beziehungen. Haltet mit aller Kraft des Christus in euch an diesem Wissen um die unsichtbaren Dinge des Lebens fest! Wir versichern euch, dass dies der Weg ist.

3

DIE ANTWORT AUF DAS KARMA

Die Natur des Ratschlags

WIR HABEN VIELE unserer Freunde durch bittere menschliche Erfahrungen gehen sehen. Und wir hören euch zu; manchmal erhebt sich die Frage: „Warum greift unser Führer nicht ein; warum bewahrt er oder sie uns nicht davor, Fehler zu machen; warum wird es uns gestattet, dumme Dinge zu tun und zu leiden, wenn dieser oder jener uns daran hätte hindern können? Hätten wir es nur gewusst, dann hätten wir dies oder das nicht getan".

Vielleicht denkt ihr, da wir Geist sind, sind wir ganz weit entfernt von den Aktivitäten und den Schmerzen und Ängsten und den Leiden unserer Brüder und Schwestern auf der Erde, aber da seid ihr sehr im Unrecht. Die Bruderschaft des Weißen Lichtes ist eng verbunden mit der Evolution, dem Glück und Wohlergehen aller Menschen. Wir von der Bruderschaft im Geist sind durch viele Inkarnationen gegangen und haben, wenn es nötig ist, die Möglichkeit, uns dieser menschlichen Erfahrungen zu erinnern. Daher können wir mit euch fühlen; wir können eure Enttäuschungen verstehen, eure Beschränkungen, eure Ängste und Befürchtungen. Wir können physischen Schmerz und spirituelles Leid verstehen. Wir sind ein Teil von euch; wir sind einer von euch; wir sind mit euch, mit euch allen. Aber wir lieben euch; daher räumen wir euch nicht eure Probleme und Schwierigkeiten aus dem Weg, denn das wäre weder freundlich noch gut für euch. Wir können euch nur zur Seite stehen und euch Stärke und Liebe geben, während ihr langsam durch Versuch, Fehler und Irrtum lernt.

Wenn ihr euch auf dem klaren Weg des Lichtes bewegt und offen seid für die Botschaft, die euch vom Geist gebracht wird, wird als Ergebnis eures Umgangs mit diesen Schwierigkeiten eurer Seele eine Freude zuteil, die euch verloren ginge, würden wir eure Probleme und Schwierigkeiten aus dem Wege räumen. Nur ihr, in Gemeinschaft mit Gott, der in euren Herzen wirkt, könnt die himmlische Freude erfahren, diese notwendigen Wahrheiten zu lernen. Jedes Mal, wenn eure Augen für den rechten Weg des Lebens geöffnet werden, jedes Mal, wenn es euch möglich ist, die geheime Ebene des Lebens zu berühren, dehnt sich das Licht in eurem Herzen und in eurer Seele aus, und ihr seht das Leben von einer neuen Seite. Ihr seht sowohl mit den geistigen wie mit den physischen Augen einen schöneren Anblick – eine tiefere Schönheit als vorher. Euer Herz wird singen vor Lobpreis und Dank für euren Schöpfer.

Nun bitten wir euch, nicht zu versuchen, einen Freund nach eurer Form zu modellieren. Das ist etwas, was jeder irgendwann versucht zu tun, sehr liebevoll und in bester Absicht. Aber jede Seele ist ein Juwel mit seiner eigenen Fassung, und weder ihr noch wir können aus einer Perle einen Diamanten oder aus einem Smaragd einen Rubin machen; alle strahlen mit ihrer eigenen Leuchtkraft. Das, was alle lernen müssen, ist einfach im wahrsten Sinn des Wortes, sich um ihre eigenen Angelegenheiten zu kümmern. Aber wie schwer ist diese Lektion! Wir meinen es doch alle so gut. Versucht niemals das Leben eines anderen zu führen oder zu sagen, er sollte dies tun, oder sie das oder etwas anderes.

Ihr mögt versucht sein, das Leben einer anderen Person in Ordnung zu bringen, euch auf diese Art und Weise einzumischen. Es ist etwas anderes, wenn die Person zu euch kommt und eure Meinung und Hilfe erbittet. Wenn wir selbst gebeten werden, dann geben wir das, was wir gelernt haben – möglicherweise durch Erfahrung. Aber das ist etwas anderes als sich einzumischen und zu sagen: „Du machst dies oder jenes falsch; du solltest es nicht so machen, du solltest es auf *meine* Weise tun“. Wenn ihr das tut, beraubt ihr eine individuelle Seele sowohl ihres eigenen Ausdruckes als auch ihres Wachstums.

Der karmische Garten

Jemand fragte uns einmal: „Wenn bestimmte negative Schwingungen aus der Vergangenheit heute einem Menschen Leiden verursachen, ist es dann für diesen Menschen möglich, das Leiden in Schönheit zu verwandeln?“ Als Antwort gaben wir das Beispiel eines Gartens. Manche Menschen werden sich nicht bemühen, ihren unschönen Garten zu verschönern, aber andere können und werden ihn verbessern, indem sie Büsche und Blumen pflanzen. Es ist eure Reaktion auf die Ereignisse heute, welche die Hässlichkeit entweder tilgt oder sie unverhüllt lässt.

In ihrer Reaktion auf Ereignisse gibt es da solche, die sich nie unterkriegen lassen. Obwohl das Karma sie überwältigt zu haben scheint, überstehen sie es lächelnd. Zumindest solltet ihr nicht die Haltung annehmen, Karma „erdulden zu müssen"! Euer Garten mag nur ein Hinterhof sein, aber er kann schöne Blumen haben und so lieblich und schön aussehen wie manch ein größerer, wenn da Liebe ist. Ist das Leben nicht schön? Ist Gott nicht gut, der euch die Kraft gibt, Schönes zu gestalten?

Als Nächstes hören wir die Frage: „Wenn Menschen aus Unwissenheit heraus nur Unkraut wachsen lassen können, was wird dann mit ihnen?" Lasst uns euch daran erinnern, dass ihr euren Gefährten nur oberflächlich sehen könnt. Es ist einem Menschen nicht möglich, einen sehr klaren Eindruck davon zu haben, wie der Garten eines anderen wächst. Das, was ihr Unkräuter nennt, können in Wirklichkeit Blumen sein.

Was jene armen unwissenden Seelen angeht, so lasst uns folgendes sagen. Etwas Liebe gibt es in *jeder Seele*, ganz gleich, wer es ist; Gott ist wie ein Trieb oder ein Licht in jedem menschlichen Wesen. Das Individuum kann darauf eingehen; und sobald er oder sie es tut, ist dieses Licht da, dieser Frieden. Wie immer der Weg beschaffen sein mag, die Entschädigung kommt zu dieser Person in ihrem Leben, im inneren Selbst. Bedenkt, dass ihr alle in verschiedenen Stadien der Entwicklung seid, und dass es jene gibt, die ihr Leben in einem sehr oberflächlichen oder materialistischen Kreis leben, und sie sich möglicherweise nicht erinnern können, denn sie sind so weit von zu Hause entfernt. Wenn die Seele sich wieder nach innen wendet, zur Gottheit hin, beginnt sie, innere Sinne zu öffnen, die die Erinnerungen zurück bringen.

Wenn ihr einen spirituellen Weg gewählt habt, dann bewegt auch ihr euch nach innen. Daher wird euer Bewusstsein allmählich lebendig werden und ihr werdet Bruchstücke aus eurer Vergangenheit aufnehmen. Aber die Person auf dem äußeren Ring, in sehr materialistischen Umständen, muss sich mit diesen materiellen Bedingungen befassen und mit nichts anderem. Glaubt nicht, dass diese Menschen verloren wären: In jedem Individuum gibt es immer etwas, was es in Übereinstimmung mit dem Karma, das es gewählt hat, vorantragen wird. Behaltet im Gedächtnis, dass das Gesetz, welches Leiden verursacht, wirklich am Werke ist, dieses Individuum in die Freude zu bringen. Nur durch Erfahrung und Leid kann die Seele zum Bewusstsein der göttlichen Liebe erweckt werden.

Das Gesetz des Lebens ist Liebe und Dienst. Der Menschheit wurde die Herrschaft über all die niederen Reiche des Lebens gegeben; ihr habt den freien Willen, über die niederen Reiche zu bestimmen, aber nur wenige Menschen haben bisher gelernt, ihre Macht mit Weisheit und Liebe auszuüben. Wenn das, was wächst, ungesund oder schädlich wird, dann muss dieser Teil entfernt werden. Wenn wir zu unserem Bild des Gartens zurückkehren: Dinge, die fehl am Platz zu sein scheinen, so etwa wie Efeu, der einen Baum erstickt oder ein Baum, der Licht und Luft blockiert, haben ihre Nützlichkeit beendet. Der Gärtner verfügt über Gartenschere und Säge. Und ebenso ist es im menschlichen Garten: das, was ausgewachsen und unerwünscht ist, muss von den Händen des Karma weggeschnitten werden, und zwar in Form von Leid, der Auswirkung karmischer Schulden. Die Gartenschere muss am Werke sein, so dass größere Schönheit, größere Ausdehnung kommen kann.

Das gleiche Gesetz gilt durch alles Leben hindurch. Wenn wir euch sogar raten, gut zu Blumen zu sein und ihnen in ihrer Evolution zu helfen, mögt ihr verwirrt sein, wenn Gott es zulässt, dass der Frost kommt und alle jungen Knospen tötet. Warum sendet Er/Sie auch keinen Regen wenn die Blumen ihn so dringend brauchen? Wir erinnern euch daran dass sogar der Frost seinen Platz hat beim Beseitigen bestimmter destruktiver Wirkstoffe im Garten. Sogar wenn er die Knospen vernichtet, wird in der folgenden Jahreszeit Gutes kommen. Was den Regen angeht, der zurückgehalten wurde, gibt es Gesetze, die in exaktem Rhythmus und mit Präzision arbeiten; es muss Zeiten geben, wo der Regen zurückgehalten wird; aber letztendlich gleicht sich alles aus. Die Menschheit kann nicht genau das haben, was sie möchte, so lange nicht alle vollkommen sind und solange sie nicht weiß, was sie will. Wir meinen, dass es die Torheit und der Eigensinn der Menschen sind, die gewisse Reaktionen im Universum verursachen, solche, die Leiden und offenbare Zerstörung bringen müssen. Es ist Gottes Methode – oder Gesetz – das Gleichgewicht oder den Ausgleich wieder herzustellen. Der weise Mensch tadelt nicht Gott, wenn die Dinge schief laufen, tadelt nicht Ihn/Sie wegen Vulkanen und Erdbeben. Die Weisen blicken nach innen und sehen, wie wenig sie Gottes Liebe entsprochen haben.

Überwinden des Karmas durch Gebet, Vergebung und weisen Gebrauch der Vorstellungskraft

Wir wiederholen, dass wir zu euch kommen, weil wir euch lieben. Wir lieben die ganze Menschheit. Wir haben kein anderes Ziel. Wir wurden einmal gefragt, warum wir zur Erde zurückkommen, und unsere Antwort ist, weil es unsere besondere Aufgabe ist; uns wurde der Auftrag erteilt, unseren irdischen Brüdern und Schwestern, die wir lieben, spirituelle Wahrheiten zu vermitteln. Wir kommen, um Heilung zu bringen, nicht nur dem Körper, sondern auch dem Verstand und der Seele. Wir sehen so viel Leid auf der Erde und die Liebe, die unser himmlischer Vater/unsere himmlische Mutter uns gegeben hat, bewirkt, dass wir uns danach sehnen, dieses Leiden zu lindern. Das kann nur getan werden, indem wir unseren irdischen Brüdern und Schwestern helfen, den Grund für ihr Leiden zu verstehen. Wir bemühen uns, ihnen zu zeigen, was das Leiden für sie bewirken kann, wenn sie die Erfahrung in der richtigen Art und Weise annehmen und nutzen.

Wenn wir durch die Nebel der astralen Ebene herabkommen, hinein in die noch dichteren Nebel der Erde, fühlen und sehen wir das Leiden, das durch Angst verursacht wird. Wir sehen, dass die Basis fast allen Leidens die Angst ist. Wir sehen, wie der menschliche Verstand erfüllt ist mit Angst vor dem Unbekannten, der Angst vor der Zukunft. Ganz sicher wisst ihr inzwischen, dass nichts ewig dauern wird, wie groß auch immer die Verwirrung sein mag, in der ihr euch gerade befindet, welcher emotionale Druck auch immer gerade auf euch lastet? Es ist eine vorübergehende Phase und kommt zu euch als eine Lektion. Ihr alle hier müsst lernen, müsst Wissen erwerben, und die praktische Erfahrung des gemeinsamen Lebens mit anderen menschlichen Wesen ist es, die euch befähigt, Weisheit zu gewinnen.

Das bringt uns zu der nächsten Frage, die ihr wohl stellen werdet. „Wie können wir der Menschheit helfen, ihre Angst vor dem Krieg und sogar noch vor Schlimmerem zu besiegen?“ Auf eurer Erde scheint sich ein großer Berg aus Angst aufzubauen. Da die Menschen so voller Angst sind, sind sie gezwungen, mehr und mehr schreckliche Waffen zu erdenken, um sich zu schützen. Während diese Gedanken vorherrschen, wird ein großer Feind aufgebaut – aber das ist nicht der von den Menschen erwartete Feind. Ein unsichtbarer Gegner ist viel schlimmer als einer, den ihr kennt und sehen könnt.

Es gibt wirklich nichts, was der Geist des Menschen fürchten müsste. Wenn ihr eure Hände zu Gott hin ausstreckt, wenn ihr mit Liebe in eurem Herzen lebt, dann kann euch nichts berühren. Wenn ihr euch nur auf physische Dinge konzentriert, auf Schmerzen und Leid, werdet ihr denken: „Wie schrecklich!“. So oft fühlt ihr euch gequält, weil ihr glaubt, ihr könnt nichts tun. Es geht euch zu Herzen und ihr verliert all eure Haltung, eure Gelassenheit und allen Glauben aufgrund des Leidens, dessen Zeuge ihr seid. Oh meine Kinder, denkt daran, dass es eine liebende, schützende Kraft gibt; und das Kind Gottes lernen muss, dieser Kraft der Liebe zu vertrauen. Die Mutter kennt ihr Kind und die Göttliche Mutter kann bei jeder Form des Leidens ein Gegenmittel anwenden. Bei eurem

Lernen spielt die Vorstellungskraft eine sehr wichtige Rolle; sie ist ein Geschenk, nach dem gestrebt werden und das gepflegt werden muss. Zugleich kann negativ geprägte Vorstellungskraft den Menschen viel mehr Leiden bringen als notwendig. Obwohl eine gute Vorstellungskraft euer Freund und Helfer sein mag, kann eine negative Vorstellungskraft euer Feind sein.

Wir möchten nicht, dass ihr Leiden gegenüber gleichgültig sein sollt. Um euch zu helfen, möchten wir folgendes sagen: Dass der physische Körper so wunderbar konstruiert ist und die Kraft der Liebe so groß, dass es eine Gnade gibt, die sogar das schrecklichste Leiden dämpft. Erinnert euch immer daran, dass Gott ebenso barmherzig wie gerecht ist, und wenn ihr die Bedeutung des Leidens erforscht, werdet ihr eine barmherzige und liebende Kraft erkennen, die zu Hilfe kommt und rettet.

In den apokryphen Evangelien werdet ihr als das Zeugnis des Johannes lesen, dass Jesus in der Zeit, als sein Körper am Kreuz hing und offenbar schreckliche Todesqualen litt, zu ihm kam. Jesus der Christus erlitt nicht diese Todesqualen, er war darüber hinaus; er war nicht in seinem Körper. Sein Geist war bei seinen Jüngern. Sagte er ihnen nicht einmal: „*... der Fürst dieser Welt kommt. Gegen mich vermag er nichts.*" *[12]

Wenn der Geist sich über den Körper erhebt, leidet die Seele nicht. Lasst nicht zu, dass euch dies gleichgültig gegenüber Schmerzen werden lässt, denn jeder, der leidet, bedarf all eurer Liebe und eurer Fürsorge; aber wir betonen, dass der Geist sich über das Leiden erheben kann, so wie Christus es zeigte.

Wir alle lieben es, uns an das „Ich“ zu klammern, und vergessen dabei, dass das wirkliche und wahre „Ich“ immer ein Teil, eine Einheit im Universalen ist – oder, wenn ihr das Wort lieber mögt, des Christuslichts. So viele haben große Angst vor dem Gedanken, im Universalen aufzugehen, aber wir müssen euch daran erinnern, dass die Trennung von diesem Christuslicht das menschliche Leiden verursacht. Wie wir zu erklären versuchten, als wir davon sprachen, dass Freude und Leid eines sind, sind auch Freude und Leid nur dann etwas von einander Verschiedenes, wenn die Seele getrennt ist von ihrem wahren Selbst, und sie wirken dann im Leben als Lehrer und Führer. So führen sie die Seele zurück zu Gott.

Der geliebte Herr, Jesus der Christus, gab der Menschheit das vollkommene Gebet in einfacher Sprache. *Vater Unser*, sagte er – wir denken, wir würden Mutter hinzufügen – Vater-Mutter Unser, *Der Du bist im Himmel, geheiligt werde Dein Name. Dein Reich* – des Geistes – *komme. Dein Wille geschehe, wie im Himmel so auf Erden. Unser tägliches Brot gib uns heute.* Du kennst unsere Bedürfnisse. Du wirst uns all das geben, wessen unsere Körper und unsere Seelen bedürfen. *Und vergib uns unsere Schuld.* Vergib uns so, wie wir vergeben.

Allein der Akt oder das Gefühl des Vergebens in eurem Herzen gegenüber eurem Bruder oder eurer Schwester bringt euch augenblicklich einen Segen und die Vergebung all dessen, was ihr getan haben mögt. Wenn ihr Vergebung gegenüber jenen empfinden könnt, die euch offensichtlich Unrecht getan haben, wird euch sofort vergeben. Oder wie unsere Brüder im Osten vielleicht sagen würden: euer Karma ist unverzüglich ausgeglichen. Das wahrste und schönste Gebet ist das, in dem ihr nichts für euch erbittet, nur, dass ihr die Liebe und die Kraft und die Weisheit Gottes erkennen mögt. Es ist die Sehnsucht der Seele, mit Gott vereint zu sein. Wenn eine Seele so beten kann, ist auf der Erde nichts wirklich von Bedeutung. Sie schreit nicht mehr, dass dieses oder jenes geschehen möge, sie sucht nicht ihre eigene Genugtuung auf irgendeiner Ebene des Lebens; sie sucht nur die Einheit mit ihrem Schöpfer. Auf diese Weise wird jedes Gebet vollkommen erhört.

Der Wille, richtig zu denken

Eine andere wichtige Lektion, die alle lernen müssen, ist die Macht der Gedanken. Ihr lebt ein äußerliches Leben in einer physischen Welt. Aber Seite an Seite mit diesem äußeren Leben gibt es ein inneres Leben. Dieses innere Leben ist eine Welt der Gedanken; und Gedanken fördern das Handeln. Nun, so wie ihr denkt, so werdet ihr – ihr erschafft eure innere Welt. Aus dieser inneren Welt kommen sowohl eure Sprache als auch euer Handeln.

Zum Beispiel verursacht ihr euer eigenes Leiden. Nun werdet ihr fragen: „Wie können wir das selbst verursachen, wenn wir zum Beispiel untröstlich sind über den Verlust eines geliebten Menschen?" Nein, ihr brachtet nicht den schmerzlichen Verlust über euch, aber ihr verursacht euer Leiden, denn ihr versteht noch nicht, was der Tod wirklich ist. Denn wenn ihr in der Lage seid, die Nebel der Erde zu durchdringen, werdet ihr wissen, dass euer geliebter Mensch weder tot, noch von euch gegangen ist. Im Geiste gibt es keine Trennung. Der Kontakt mit eurem geliebten Menschen ist auch immer möglich durch die Macht der Gedanken, durch die Kraft der Meditation. Ihr müsst ein Bewusstsein für die Ewigkeit des Lebens in euch entwickeln. Ihr müsst euch dazu bringen, Gott so zu lieben, dass ihr wisst, dass Gott Liebe ist und alle Liebe für euch empfindet, so wie ihr Gott liebt. Ihr müsst wissen, dass es in Gottes Bewusstsein keinen Tod gibt. Euer geliebter Mensch lebt in dieser Liebe und in eurem Geist. Euer geliebter Mensch ist bei euch.

Wenn wir uns der Erde nähern, sehen wir verwirrte Gedankenkräfte; wir sehen, wie unsere Brüder und Schwestern unter physischem Schmerz, Verdruss und körperlicher Erschöpfung leiden. Wir möchten ihnen gerne heilenden Balsam geben, aber das ist schwierig. Es gibt einen Weg, der uns offen steht; aber wenn die Menschen nur etwas mehr von der Kraft der Gedanken verstünden, könnten sie selbst zu vollkommener Gesundheit finden. Darüber hinaus könnten heilende Strahlen durch sie verströmt werden, um die Leiden vieler zu erleichtern. Eure Denkgewohnheiten müssen geschult und in gesündere Kanäle gelenkt werden. Sehr viele Gedankenformen sind ausgesprochen ungesund. Wenn ihr euch gestattet, solche Gedankenschwingungen auszusenden, öffnet ihr euch selbst für Formen, die von ungesundem Denken anderer um euch herum geschaffen werden und heißt sie sogar willkommen. Wenn ihr gewohnt seid, negativ zu denken oder die positiven oder *guten* Gedanken vernachlässigt, seid ihr anfällig für Angriffe.

Manche Menschen haben schreckliche Angst vor Krankheitserregern. Ihr befürchtet eine Infektion und eure Medizinerkollegen steigern diese Furcht gerade, durch ihr Beharren auf diesen Gefahren. Obwohl wir diese Angst nicht verstärken möchten, müssen wir sagen, dass sie nicht vollkommen Unrecht haben. Solange nicht der Geist die Herrschaft übernommen hat, entstehen die von euch erzeugten Gedankenformen aus ziellosem mentalem Herumwandern. Sie sind das Ergebnis von gedanklichem Hin- und Herhetzen, ohne Disziplin und Kontrolle. Da kann es dann geschehen, dass Bakterien sehr aktiv werden können. So ist die Gefahr, die wir als die für euch größte beschreiben würden, die Infektion durch *Gedanken*kräfte. Wenn eine Person sensibel und dabei negativ ist und die unkontrollierten Denkmuster, die wir beschrieben haben, zulässt, dann ist er oder sie empfänglich für die Kräfte der Astralebene, und wird wahrscheinlich einem Bazillus erlauben, sich festzusetzen. Stellt ihn euch als eine Gedankenkraft vor, die den ätherischen Körper stören und schließlich ihren Weg in den Blutkreislauf finden wird. Es folgen Erschöpfung und dann all die physischen Probleme, die sich dabei ergeben.

Welche Gedanken sind gewohnheitsmäßig in euren Köpfen? Seid ihr innerlich verwirrt und überanstrengt? Wenn das so ist, seid ihr anfällig für astrale Kräfte. Können solche Erkrankungen durch richtiges Denken geheilt werden? Ja ... erstaunlicherweise ist es so! Strafft euren Körper! *Haltet ihn in Ordnung, haltet ihn aufrecht.* Denkt positive Gedanken; weigert euch, durch die Gedanken oder Worte anderer hierhin und dorthin getrieben zu werden. Bleibt standhaft auf eurem Weg. Ihr meint, das ist leicht gesagt? Ja – aber unserem Rat zu folgen, wird euch heilende Schwingungen bringen.

Wenn ihr physisch leidet, denkt auf keinen Fall an euer Leiden! Hört sich das hart an? Ja, wir glauben wohl, aber denkt daran: Wenn ihr Schmerzen habt und der Gedanke kommt: „Ich leide; ich fühle mich wirklich schlecht!" dann vervielfachen all die negativen Kräfte um euch den Gedanken an den Schmerz. Aus diesem Grund möchten wir sagen, dass in der einsichtigen Handlungsweise der Christian Science [Christlichen Wissenschaft] viel Wahrheit ist. Wir meinen damit nicht, dass immer die weisesten Methoden befolgt werden, aber dass die *Wissenschaft* wahr und wirklich ist. Der Gedanke dass das Gute, dass Gott, einen Menschen umgibt, hüllt ihn in das Licht des Christus. Diejenigen, die in der Lage sind, diese Lehre weise in die Tat umzusetzen, werden wahrhaftig wundervollen Segen ernten, nicht nur für sich selbst – denn ihr könnt nicht nur an euch selbst denken – sondern auch für andere. Die Menschen der Erde meinen, ihre Gedanken seien ihre eigenen. Niemals machten sie einen größeren Fehler, denn der Gedanke dringt nach außen, und hat Auswirkungen auf das Ganze. Niemand kann gut *sein* und gut *denken*, ohne zum Wachsen des guten Denkens der gesamten Menschheit beizutragen. Ebenso ist es mit unfreundlichen, negativen, unschönen Gedanken: Sie gehen von einer Person zur anderen. Ihr habt eine große Verantwortung! Strahlt Gedanken der Liebe aus, wie sehr ihr auch immer durch den Bazillus der Unfreundlichkeit versucht seid, Kritik auszustrahlen.

Gedanken schaffen deutliche Wellen im Äther. Der Gedanke, der über eine andere Person gedacht wird, reist direkt zu dieser, wird Form annehmen und sich in ihrer Nähe aufhalten und darauf warten, dass sie nicht achtsam ist. Wenn der Empfänger den Kopf voll nützlicher und hilfreicher Gedanken hat, ist es unwahrscheinlich, dass der eindringende Gedanke Einlass finden wird, solange, bis der Verstand nicht so beschäftigt ist, dann springt er hinein. Wenn der Empfänger genug weiß, wird er sofort den negativen Gedanken von sich weisen oder ihn in einen guten oder positiven verwandeln. Wenn der Gedanke gut ist, dann wird der Mensch belebt. Ihr alle empfangt ständig die Gedanken anderer, besonders auf den astralen oder mentalen Ebenen, denn die Gedanken-Kräfte arbeiten auf diesen Ebenen.

Wie kann ein Student Gleichgewicht erlangen, wenn er umgeben von Chaos und Lärm arbeitet? Es gibt zwei ganz verschiedene Aspekte des Lebens. Da ist der äußere mit seinem Lärm und Tumult; und da ist der innere, den nichts stören kann. In der Ruhe auf dem Lande kann das Herz eines Menschen einem wütenden Sturm gleichen; im Herzen der Großstadt kann tief im Inneren Frieden wohnen. Pflegt also wirklich Ruhe und Gelassenheit in eurem Inneren, und mit der Zeit werden diese Qualitäten euch zur Gewohnheit werden. Nichts kann einen gefestigten inneren Frieden stören, wenn ihr nicht selber zulasst, von der äußeren Welt überschwemmt zu werden. Ihr könnt die Tür zwischen dem Äußeren und dem Inneren kontrollieren, wenn ihr in der richtigen Richtung *denkt.* *Gleichgewicht und Gelassenheit sind von grundlegender*

Bedeutung. Das irdische Leben durchdringt die höheren Ebenen; sobald ihr auf der physischen Ebene ins Gleichgewicht gekommen seid, wachst ihr automatisch und natürlich an Beständigkeit und Gelassenheit auf den höheren Ebenen. Es ist möglich, sogar während der Arbeitsstunden voller Lärm und Unterbrechungen Gleichgewicht und Gelassenheit beizubehalten. Wenn ein Schüler meditiert, sollte er die Stärke, die er während dieser Meditation erlangt hat, in das irdische Leben hineintragen. Es bringt nichts, in den Wolken zu schweben; es muss während der Meditation wirkliche Arbeit an den astralen, mentalen und physischen Körpern stattfinden.

Trotz allem Gesagten, werdet ihr morgen aufstehen und höchst wahrscheinlich feststellen, dass ihr in euren Anstrengungen wieder nachlasst. Äußerliche Dinge mögen euch beunruhigen. Vielleicht bekommt ihr einen unangenehmen Brief. Sendet seinem Verfasser keine ärgerlichen Gedanken. Denkt stattdessen: „Armer Bruder, arme Schwester – es tut mir leid“. Das wird euch leicht fallen, wenn ihr euch beherrscht, euch zusammenreißt und *richtig denkt*. Denkt richtig und ihr werdet verblüfft sein über den Wandel, über die wachsende Gemütsruhe. Das Leben wird freudvoll werden, und ihr werdet glücklich sein.

4

DAS GESETZ DER GELEGENHEITEN (MÖGLICHKEITEN)

Die Barmherzigkeit Gottes

DAS GESETZ von Ursache und Wirkung – oder Karma – geht Hand in Hand mit dem Gesetz der Gelegenheiten (Möglichkeiten). Gelegenheiten werden jedem Menschen Tag für Tag gegeben – Gutes zu tun, vorwärts zu kommen, zu dienen; Gelegenheiten, das innerste Sein ein wenig mehr für das göttliche Licht und göttliches Glück zu öffnen. Das Gesetz des Karma ist die Ursache dafür, dass das Gesetz der Gelegenheiten (Möglichkeiten) wirksam wird. Wann immer ihr auf Sorgen und Probleme stoßt oder wenn ihr Freude und Lösungen findet, denkt daran, dass die Auswirkung eures Karma eine Gelegenheit bringt, Weisheit zu erwerben und so einen Schritt voran auf dem Weg zu tun. Jedes Mal, wenn eine Ursache (wie ein Saatkorn) im Individuum oder im nationalen oder internationalen Leben gesät wird, folgt zwangsläufig eine Wirkung, die entweder glücklich oder unglücklich ist. In jedem Fall wird sie neue Gelegenheiten bringen.

Die euch gegebene Chance ist das Beste aus allen Umständen und Bedingungen zu machen – oder die Möglichkeit das Höchste und Beste in euch zum Ausdruck zu bringen. Ebenso wie das Gesetz von Ursache und Wirkung – welches streng, gerecht, vollkommen und wahr ist – gibt es auch dieses Gesetz der göttlichen Gnade.

Ein weises Kind schaut auf zu Gott. Gott ist barmherzig gegenüber diesem Kind, aber Er/Sie sagt nicht: „Du wirst nicht arbeiten oder leiden müssen. Du wirst nicht Dein Karma abarbeiten müssen“. Stattdessen sagt Gott: „Mein Kind, meine Liebe ist mit dir und wird dir helfen“. Göttliche Liebe ist göttliche Barmherzigkeit. Gott kann so alle Wunden heilen, indem Er Seinen/Ihren Kindern hilft, durch ihr selbst geschaffenes Karma zu gehen. Die Gnade Gottes steht auch im Zusammenhang mit der Barmherzigkeit im menschlichen Wesen. In dem Grad, in dem eine individuelle Seele Barmherzigkeit zeigt, in dem Maße lässt auch Gott Barmherzigkeit walten.

Wir möchten diesen Punkt betonen – die Gnade Gottes. Alles ist sehr gut; es gibt präzise Gesetze spiritueller Entwicklung. Manchmal kann es scheinen, als ob die vorhandenen Mächte sehr streng und unerbittlich sind. Die Wahrheit ist jedoch, dass Gott immer barmherzig und freundlich ist. Obwohl Leiden durch den Eigensinn des Leidenden selbst entstand, sendet Gott in Seiner/Ihrer Barmherzigkeit Hilfe und gibt dem Leidenden eine Gelegenheit (wie wir euch bereits gesagt haben), sein Karma umzuwandeln oder sich darüber zu erheben. Wenn dies geschieht, ist es wunderbar. Ihr erinnert euch daran, dass Jesus sagte, dass größere Freude im Himmel herrscht über einen, der verloren ging und nun wieder gefunden wurde, als über neunundneunzig, die sicher in der Herde blieben.*[13] Denkt an die große Barmherzigkeit, die den Pflichtvergessenen durch die göttliche Liebe erwiesen wird, einer Macht, die dem Irrenden Hilfe sendet und dieser Seele beisteht, wenn sie wahrhaft bereut. Dies mag ziemlich nach alter Orthodoxie klingen, aber seht ihr, es gibt eine tiefe Wahrheit in allen Religionen, was sie auch immer sind und wie weit sie von ihrem ursprünglichen Weg abgekommen zu sein scheinen. Gott ist der Seele gegenüber nicht taub, die wahrhaftig – nicht nur oberflächlich – sondern tief, demütig bereut, die sich der begangenen „Sünde" bewusst ist und zu Vater-Mutter-Gott ruft „Hilf mir! Gott vergib mir!"

Wir sprechen über geistiges Gesetz und über jene machtvollen Kräfte oder Intelligenzen, die das gesamte geistige Leben und die Entwicklung der Menschheit regieren. Wie wir gesagt haben, die Macht Gottes ist barmherzig und jeder verlorenen Seele werden Helfer gesandt – wenn sie dazu bereit ist. Eine riesige Organisation, gerecht, vollkommen und wahrhaftig, existiert in der höheren Welt. Nennt sie wie ihr wollt; nennt sie die Große Bruder-Schwesternschaft, wenn ihr wollt. Sie besteht nicht nur aus Seelen, die sich auf dem Weg der Menschheit entfaltet haben, sondern auch aus Wesen, die sich auf dem Weg der Engel entwickelten. Diese letzteren wachen wie Engel des Lichtes selbst über die einfachste und demütigste Seele. Wenn also der ernsthafte Ruf ausgesandt wird „Vergib mir, Gott!" (wer hat nicht diesen spontanen Ruf von den Lippen einer leidenden Seele gehört?), stellt sich Gott nicht taub. Ihr erinnert euch, dass Jesus Christus hinab stieg zu den gemarterten Seelen, um ihr Leiden zu mildern, um sie zu erheben? Dies bedeutet, dass der zweite Aspekt des Logos, der Sohn, diesen armen Seelen in Not und Elend die Möglichkeit gibt, sich zu erheben. Was für ein Beispiel und Beweis für die Menschheit, denn die Menschen sind gegenüber ihren Brüdern und Schwestern nicht in dem Maße barmherzig, wie Gott es ist!

Das Gleichgewicht der Gelegenheiten

Lasst uns schwieriges Karma mehr als *Chance* für die Seele betrachten, weiteren Fortschritt zu machen. Das Leben bringt viele Gelegenheiten, die der Seele von den Engeln des Karma angeboten werden. Manchmal werden diese von der Seele nicht in nützliche Lehren umgewandelt, und daher geht der Mensch durch eine Periode des Leidens und geht aus der Erfahrung offenbar nicht klüger hervor. Aber die selbe Gelegenheit wird wieder und wieder auftauchen. Es gibt auch Gelegenheit für Fortschritt durch den weisen Gebrauch guten Karmas, das sich im Horoskop zeigt. Die Seele hat durch früheres Benehmen die Notwendigkeit für bestimmte Erfahrungen oder Lektionen während der Inkarnation bewirkt. Die planetarischen Engel wachen über die Ereignisse oder die Erfahrungen, durch welche die Seele geht, aber sie greifen nicht ein, da sie wissen, dass ein exaktes und präzises Gesetz am Werke ist. Engel haben keine Emotionen. Engel leiden nicht unter emotionalen Störungen; Leid bewegt sie nicht. Stattdessen sehen sie über menschliches Leiden hinaus und all ihre Arbeit wird in Übereinstimmung mit dem vollkommenen Gesetz der Evolution geplant. Wir haben gesagt, dass Leiden der Seele die Gelegenheit gibt, die Lektion zu lernen, die zu diesem Leiden gehört, und die Möglichkeit, geistige Wahrheit in sich aufzunehmen. Dennoch sind wir betrübt, wenn wir sehen, wie ihr in euch zusammenfallt und erklärt: „Gut, da ich nun mal das über mich gebracht habe, bleibt mir nichts anderes übrig, als mich damit abzufinden. Was kann ich sonst tun?“ Geliebter Bruder, geliebte Schwester: Wenn Ihr so denkt, begreift ihr das Wesentliche nicht. Akzeptiert nicht Leiden, Beschränkungen, Not, Schwierigkeiten als etwas vom Schicksal Bestimmtes oder unerbittlich auf Dauer Bestehendes; denn dieses andere Gesetz der Gelegenheiten, wirkt Seite an Seite mit dem Gesetz von Ursache und Wirkung. Obwohl ihr also möglicherweise oder mit Sicherheit, in der Vergangenheit Schulden auf euch geladen habt, gibt es daraus einen Ausweg. Verbindlichkeiten können durch Guthaben aufgewogen werden, denkt daran: Gelegenheiten laufen euch über den Weg. Sie bringen euch die Möglichkeit, freundlich zu sein, anderen einen Dienst zu erweisen oder etwas für euch selbst in Angriff zu nehmen, das großen Mut und Standhaftigkeit verlangt. Indem ihr solche Möglichkeiten beim Schopf packt, kann viel schnellerer Fortschritt gemacht werden, als wenn ihr resigniert eure missliche Lage akzeptiert.

Wir wissen, dass bestimmte Denkschulen behaupten, dass es nicht möglich ist, den Schulden eines schlechten Karma zu entkommen. Dieser Ansicht sind wir nicht: In diesem Leben, in dem ihr euch nun befindet, solltet ihr das Wissen, das ihr aufgenommen habt, in die Tat umsetzen. Wir beobachten, wie oft Gelegenheiten nicht wahrgenommen werden, anderen hilfreich zu sein oder selbst voran zu schreiten, (diese Gesetze gelten mit der gleichen

Bestimmtheit für Nationen wie für Individuen). Dennoch werden sie letztendlich angenommen, und die Menschen werden feststellen, dass sie durch Freude und Leistung lernen können, und zwar mit größerer Geschwindigkeit und Gewissheit, als durch das Leiden, das sie einmal für unausweichlich hielten. Findet euch also nicht mit dem Leiden ab: Seht euch lieber nach Gelegenheiten um, Leiden in Leistung umzuwandeln.

Die Menschen mögen den Mangel an Gelegenheiten bedauern, in dieser Inkarnation dies oder jenes tun zu können. Zum Beispiel bedauern manche, dass es ihnen an mentaler Schulung und intellektuellen Kenntnissen (dem, was die Welt „Bildung“ nennt) fehlt; und dennoch verfügen sie über die Qualitäten des Strebens und der Intuition. Ihnen sagen wir: „Bedauert nichts, Geliebte; wenn die Mächte, die da sind, die großen Herren des Karma, es für richtig befunden hätten, euch in Lebensumstände zu versetzen, die intellektuelle Kenntnisse und eine umfassende Erziehung gebracht hätten, wäret ihr so platziert worden. Es gibt zurzeit viele Menschen auf der Erde, die in vergangenen Leben alles, was Bildung und Intellekt geben konnten, in sich gesammelt haben. Während dieser Inkarnation erfolgt ihre Entwicklung auf dem Pfad der Liebe und Weisheit oder dem Pfad der Intuition. Er lässt das physische Gehirn ungetrübt, damit die in der Seele gespeicherte Weisheit im äußeren Bewusstsein ausgedrückt oder reflektiert wird.

Bedauert nichts. Akzeptiert die Lebensumstände so, wie sie sind, mit dankbarem Herzen in dem Wissen, dass sie im Augenblick für euch notwendig sind. Jede

Möglichkeit, die sich euch in dieser Inkarnation bietet, ist das Ergebnis eurer früheren Anstrengungen. Ihr habt eure Möglichkeiten für geistige Entwicklung und den Erwerb von geistigem Wissen und Weisheit verdient. Ihr werdet euch in dieser Inkarnation neue Gelegenheiten verdienen, die sich euch in eurer nächsten Inkarnation darbieten werden.

Hier möchten wir einigen unter euch Mut zusprechen, die das Gefühl haben, ihre Anstrengungen seien umsonst gewesen. Es gibt so viel, was ihr tun möchtet, aber ihr seid eingeschränkt, ihr seid unfähig, vorwärts zu kommen. Dennoch baut ihr heute in eure Seele diejenigen Schwingungen ein, die euch in eurer nächsten Inkarnation viel bessere und leichtere Bedingungen schaffen werden, solche, unter denen ihr fähig seid, zu wirken und der Menschheit zu dienen. Aus diesem Grund sagen wir so oft, dass keine Anstrengung vergeblich ist. Jede Anstrengung führt euch irgendwo hin, obwohl ihr das Ergebnis nicht in dieser Inkarnation seht.

Brüder, wenn ihr das klar erkennt, erscheint euch euer irdisches Leben schließlich doch nicht ganz so wertlos. Das irdische Leben wird in seiner wirklichen Perspektive gesehen; ihr beginnt zu begreifen, dass jeder Kummer, jede Beschränkung, jeder Augenblick der Selbstverleugnung, sogar die Knechtschaft der Furcht, die euch manchmal ergreift, dazu bestimmt ist, eure Seele zu lehren oder euch auf eine Erleuchtung vorzubereiten, die notwendigerweise kommen muss. Daher sollten jene unter euch, die meinen, dass ihr Leben besonders schwierig ist und sie in Kümmernissen, Leid oder Unglück leben, nicht traurig oder verstimmt sein. Diese Dinge sind Chancen, die der große Gott gebracht hat. Prüft eure Möglichkeiten und ihr werdet Schönheit und Barmherzigkeit in dem Plan finden. Gott gibt euch in eurem Leben Gelegenheiten, zu lernen, damit ihr auf die Einweihung vorbereitet werdet; zu oft wird die Chance aus Faulheit und Lethargie vertan. Die Menschen ziehen es vor, mit gesenktem Kopf weiter zu gehen und auf den Schlamm zu blicken, und sehen so den Engel nicht, Gottes Boten, der ihnen eine goldene Krone mit Edelsteinen vorhält.

Die Seele erhält ständig Gelegenheit, göttliche Erleuchtung zu erlangen. Während jeder ihrer Inkarnationen werden ihr Lektionen präsentiert – nennt sie Prüfungen, wenn ihr wollt – die eigentlich Möglichkeiten für Fortschritt und Initiation sind. Prüfungen kommen fast in jedem Einzelaspekt des Lebens zu euch. Durch sie könnt ihr die Reaktionen eurer Gefühle auf menschliche Ereignisse beurteilen, die Reaktionen eures Verstandes auf das Leben im Allgemeinen und die Reaktion eures Herzens hinsichtlich der Liebe, die ihr gegenüber anderen Wesen fühlt. Schließlich werdet ihr durch diese Prüfungen erkennen, wie ihr die göttlichen Attribute durch eure physische Natur zur Wirkung bringt und ebenso eure Fähigkeit, euer Leben zu lenken und zu bestimmen, indem ihr auf die größte Liebe, Kraft, Weisheit und Intelligenz des Höchsten, eures Schöpfers, zurückgreift.

Euer Leben ist erfüllt von Möglichkeiten, an Weisheit, Liebe und göttlicher Kraft zu wachsen. Geliebte, legt eure Hand in die Hand Gottes ... und Er/Sie wird euch

Schritt für Schritt führen. Macht euch die Mühe, auf Gottes Weg zu wandeln und ihr werdet eure Prüfungen und Einweihungen (ein Wort, das Bewusstseinserweiterung bedeutet) bestehen, solange, bis ihr wie einer der vierundzwanzig Ältesten um den Thron werdet.*[14] Dann werdet ihr wie niemals zuvor die Bedeutung des Wortes „Demut" erkennen. Sobald ihr die Demut kennt, werdet ihr eure Lichtkrone ablegen – das bedeutet, dass ihr erkennt, dass ihr nichts seid, denn ihr bewegt euch in Gott und habt alldort euer Sein. Allein in Gottes Leben könnt ihr leben und höchstes Glück jenseits allen menschlichen Verständnisses erfahren..

Das ist die Antwort für die vielen, die über die Widersprüche des Lebens so sehr beunruhigt sind. Sie fragen: „Warum? Warum? Warum? Was habe ich getan, dass dieses Unheil über mich kam?". Alles, was wir antworten können, ist, dass ihr entweder irgendeine Gelegenheit zu dienen oder Liebesdienste gegenüber euren irdischen Gefährten unterlassen oder unnötigerweise vernachlässigt habt. Deshalb kam das Leiden. Ihr werdet weiterhin fragen: „Was ist das Gute an all dem?" und vielleicht beteuern, dass das Leiden sein Ziel verfehlt, da ihr euch nicht erinnern könnt, was vor so langer Zeit geschah. Worauf wir antworten, auch wenn euer physisches Gehirn sich nicht erinnern kann, so weiß doch euer tieferes Bewusstsein, dass es die Erfahrung verdient hat.

Seid daher dankbar und akzeptiert alle Gelegenheiten, die als so genanntes Karma verkleidet zu euch kommen. Nehmen wir an, ein Mensch geht durch eine besonders dunkle Phase von Kummer oder Krankheit oder erleidet einen großen Verlust, macht irgendeine Form von Einschränkung oder Not durch oder begegnet Missverständnis oder Ungerechtigkeit. All diese Erfahrungen, wenn sie in der richtigen Perspektive gesehen werden – in dem Verständnis, dass sie Lektionen sind, durch welche der Meister versucht, euch zum Sehen und besseren Verständnis des Lebens zu bringen – werden als Prüfungen erkannt werden. Darüber hinaus werdet ihr hinterher immer feststellen, dass ein Wandel stattgefunden hat, wie unbedeutend auch immer eine Prüfung erscheinen mag. „Ich werde nie wieder der- oder dieselbe sein", sagt ihr. Das ist wahr, niemals mehr der- oder dieselbe, aber immer besser, so wollen wir hoffen; denn das Ergebnis ist - in geringem Ausmaß - eine Erweiterung des Bewusstseins oder des Verständnisses der menschlichen Natur und der menschlichen Erfahrung.

5

FREIER WILLE

Gibt es eine Wahl?

IHR ALLE glaubt gerne, ihr besitzt einen freien Willen und könnt euren eigenen Weg wählen. Andererseits macht das Leben sehr deutlich, dass der Mensch nicht sein eigener Herr ist, sondern von einem unerbittlichen Gesetz regiert wird. Es wird oft gesagt: „Was geschehen soll, wird geschehen". Wir selbst erklären oft, dass Gott den Plan in seiner Hand hält. Wenn ihr glaubt, dass Gott den Plan hat, dann kommt damit vielleicht auch die Versuchung eurer eigenen Verpflichtung, eurem Schicksal gegenüber zu entsagen. Ihr mögt zum Beispiel denken, dass jedes einzelne Leben schon entworfen, geplant und arrangiert ist; ihr so sehr in dem Rad des Schicksals befangen seid, dass es nicht darauf ankommt, worum ihr euch bemüht oder was zu erreichen euch misslingt.

Nochmals, die okkulten Wissenschaften erklären vielleicht, dass das menschliche Schicksal in den Sternen geschrieben sei oder in den Linien der Hand. Ein Hellseher ist in der Lage, bestimmte Ereignisse, manchmal unwichtig, manchmal wichtig, zutreffend vorherzusagen, die er im Äther eingeprägt sieht. Ist es dann so, dass ihr alle nichts als Puppen seid, die sich auf dem Rad des Schicksals im Kreise drehen? Und wenn das so ist, können wir glauben, dass es eine göttliche Liebe und Gerechtigkeit gibt, die im menschlichen Leben am Werke ist?

Dagegen lehren Schulen religiösen Denkens, dass die Menschheit einen freien Willen hat und sie ihr eigenes Schicksal formen kann. *Auch sie haben recht.* Wie können wir also zwei gegensätzliche oder zumindest scheinbar widersprüchliche Aussagen miteinander in Einklang bringen? Um Schicksal und freien Willen zu verstehen, müsst ihr erst das Gesetz von Ursache und Wirkung verstehen, und erkennen, dass eure Handlungen und Reaktionen von heute das Schicksal von morgen formen, ebenso wie vergangene Taten und Reaktionen das heutige Schicksal geformt haben.

Das Ausmaß des euch eigenen freien Willens wird durch euer Streben ausgedrückt, durch euren Wunsch, voran zu schreiten; durch euren Wunsch, Gott ähnlicher zu sein; oder andererseits durch eure Gleichgültigkeit gegenüber Gott und eure Nachgiebigkeit gegenüber eurem Selbst. Wenn ihr also wählt, zu Gott voran zu schreiten, erschafft ihr gutes Karma, bessere Bedingungen für euch und die Welt. Seid ihr aber gleichgültig gegenüber dem allumfassenden Sein und entschlossen, eurem niederen Selbst freien Lauf zu lassen, werdet ihr sehr bald viel Schmerz erleiden. Mit anderen Worten, euer Geburtsrecht des freien Willens besteht eigentlich in der Macht zwischen dem zu wählen, was Menschen grob gesagt für gut und böse erachten. Es gibt nur einen kleinen Umkreis, innerhalb dessen die menschliche Seele schwingt oder pendeln kann, und innerhalb dieses Kreises habt ihr die Wahl. Die Wahlmöglichkeit wurde euch gegeben, damit ihr Erfahrungen sammeln könnt. Außerhalb dieses Kreises habt ihr keine Macht.

Wir versichern euch auch, dass die Menschheit niemals Gottes Welt zerstören kann. Manchmal, das geben wir zu, versucht sie es ganz kräftig – und zerstört so viel, wie es ihr in ihrem menschlichen Rahmen möglich ist. Die Hässlichkeit, der Schmutz der Lebensbedingungen, in denen so viele leben, ist nicht Gottes Wille, meine Kinder: sondern es wird verursacht durch die Lieblosigkeit eines menschlichen Wesens gegenüber einem anderen. Ihr habt einen freien Willen nur innerhalb der Einflusssphäre des göttlichen Willens; wenn also die Menschheit den Kelch des Elends und Leidens so weit gefüllt hat, dass nichts mehr hineingeht, schreiten die höheren Mächte ein. Es gibt eine Macht, die das Leben und alle Planeten in ihrer Bahn hält, und die Menschheit kann an dieser unendlichen und ewigen Macht nicht rütteln. Das große Wesen, die Göttliche Intelligenz, hält alles Leben in seiner Liebe, in seinem Herzen.

Je mehr wir selbst über das geistige Gesetz lernen, umso weniger sicher sind wir über das Ausmaß der menschlichen Willensfreiheit. Wir meinen, dass ihr im physischen Leben in bestimmte Umstände gestellt werdet und sich während eures ganzen Lebens Gelegenheiten bieten – Umstände, die euch die Möglichkeit geben, dem Großen Gesetz zu dienen. Es mag so aussehen, als hättet ihr eure eigene Wahl getroffen, was den Weg angeht, auf dem ihr wandert, aber die wirkliche Wahl liegt in eurer Reaktion auf die Bedingungen, die kommen müssen. Wandert daher demütig auf eurem Pfad, pflegt vor allem Liebe gegenüber allen, die an eurer Seite wandern, und erkennt hinter allem die göttliche Führung.

Was für ein umstrittenes Thema ist das! *Die Menschheit hat einen freien Willen, aber ihr freier Wille ist der Wille Gottes.* Warum soll man sich dann überhaupt abmühen? Warum sich nicht wie Treibgut von den Gezeiten bewegen lassen? – nur, weil die Gottheit im Inneren immer in Berührung mit dem Großen Weißen Licht ist, der zentralen Macht. Obwohl es zufällig zu sein scheint, wenn bestimmte Dinge geschehen, und es aussieht, als würden unbeabsichtigte Kontakte geknüpft, können wir euch versichern, dass die Gottheit im Inneren das Leben regiert.

Wenn zum Beispiel ein schwerer Unfall verhindert wird, mag das so beschützte Individuum sagen: „Was für ein Glück!" Ein anderer sagt vielleicht: „Es muss mein geistiger Führer gewesen sein, der mich daran hinderte das zu tun". Vielleicht war es so, aber vielleicht ist euer Führer wie ein strahlender Stern da oben, eure direkte Verbindung mit dem göttlichen Verstand. So werdet ihr von diesem wunderbaren Gesetz geführt und geleitet. Denkt daher niemals mit Bedauern, dass ihr in eurem Leben hättet Dinge verhindern oder ändern können. Der große Architekt des Universums hält den Plan; alles wirkt zusammen zum Guten. Die göttliche Absicht erklärt, dass in dem Maße wie du, mein Kind, reagierst, du größere Kraft, mehr Licht, mehr Wahrheit empfangen kannst. In diesem Sinne habt ihr einen freien Willen. *Eure Reaktion auf äußere Umstände und Ereignisse ist es, auf die es ankommt.* Versucht, über die Zustände hinaus zu kommen, die euch manchmal mit so viel Unglück bedrohen. Lasst euch nicht wie ein Stück Stroh im Wind hierhin und dorthin wehen. Versucht, die göttliche Macht hinter allem und in euch zu sehen, die euch hinaufzieht durch jede bittere und jede freudvolle Erfahrung, hinauf in das göttliche Licht.

Die Menschen müssen immer die Wahl haben; sie müssen Besonnenheit lernen, sie müssen lernen, wie sie Wahrheit erkennen können. Das tut ihr alle; und wenn ihr auf bestimmte Umstände stoßt – und vielleicht auf andere Gruppen, die euch im Unrecht zu sein scheinen – denkt daran, dass ihr mit dem in Kontakt gebracht werdet, was ihr als falsch oder richtig erachtet, damit ihr zu differenzieren und zu unterscheiden lernt. Ihr müsst lernen, den wahren Klang zu erkennen, den Klang der Wahrheit in der Welt. Auf dem geistigen Pfad der Urteilskraft und Einsicht wird viel Selbstdisziplin erwartet. Die alten Mysterienschulen legten dem Anfänger immer die einfachen Regeln ihrer Bruder-Schwesternschaft vor, die alle lernen mussten; und jeder, der diese Prüfung nicht bestehen konnte, verließ den Tempel. Niemand ist an den geistigen Pfad gebunden; es ist ein schwieriger Weg, aber nur der freie Wille eines Menschen bewirkt, dass er ihn beibehält. Dieser Mensch hat die Freiheit, zur Welt zurückzukehren und ein weltliches Leben zu führen. Aber der euch innewohnende Geist weiß aufgrund seiner vergangenen Erfahrungen und der Weisheit, die er in früheren Inkarnationen gewonnen hat, dass er dem Licht folgen muss, wenn ihr den geistigen Weg gewählt habt. Er ist die Freude und der Trost eures Lebens und bringt eurem Körper strahlende Gesundheit. Er bringt auch Seelengaben mit sich, die euch befähigen, die euch umgebenden Nebel, die Verwirrung und die Dunkelheit des physischen Lebens zu durchdringen.

So hat also die Menschheit eine gewisse Freiheit; aber dieser freie Wille wird nur in einem kleinen Bereich wirksam und die Beschränkung besteht gewöhnlich in der Zeit. Wenn sich eine Seele reinkarniert, kehrt sie zurück mit dem Wunsch, ihr Karma zu leben oder die Schulden abzutragen, die sie in einem früheren Leben auf sich lud. Die Geburt der Seele in einen physischen Körper wird zeitlich so gelegt, dass die besten Gelegenheiten hierfür geboten werden. Die Engel der Planeten – die Herren des Karmas, wenn ihr so wollt – beobachten dieses Kind und sie wissen, dass ihm für bestimmte Erfahrungen Gelegenheit gegeben werden sollte. Daher leisten die Engel alle nur mögliche Hilfe. Die Planeten, die ihr manchmal als widrig bezeichnet, bringen der Seele bestimmte Einschränkungen und zeigen ihr Grenzen auf. Trotz allem ist ihre Absicht gut, und sie befähigen die Seele, Lektionen zu lernen, welche sie (oder die Nation oder sogar die ganze Welt) lernen sollte. Nationen und die Menschheit als Ganzes müssen bestimmte karmische Umstände aufarbeiten. Die Menschheit ist nicht nur auf einen Pfad allein beschränkt – sie hat die Wahl, ebenso wie euch vor der Geburt die Wahl zwischen verschiedenen Leben angeboten wird. Die Bestimmung der Völker ist es, sichere Fortschritte zu machen, obwohl sie den Weg wählen können, der ihnen dies ermöglicht.

Eure grundlegenden Lernschritte sind festgelegt, und daher werdet ihr unter den Sternzeichen geboren, die euch die weitestgehenden Möglichkeiten geben, sie zu tun. Innerhalb bestimmter Grenzen könnt ihr allerdings wählen, welchen Weg ihr gehen wollt um diese Lektionen zu lernen.

Ehe die Menschheit ihre Entscheidung trifft, kann es sein, dass ein älterer Bruder oder eine ältere Schwester prophezeit, dass eine Nation zwangsläufig durch eine bestimmte Erfahrung gehen muss. Dennoch weiß der Erleuchtete, dass dieser besondere Weg die freie Wahl der Nation ist, ebenso wie es beim einzelnen Menschen der Fall ist. Es mag mehrere Wege geben, ein besonderes Stück Karma aufzuarbeiten oder eine bestimmte Lektion zu lernen, und die meisten Menschen wählen den des Leidens, denn sie wehren sich ständig mit Händen und Füßen dagegen. So kommt mehr Leid über die Menschheit als es notwendig ist. Dieses Maß an freiem Willem ist Gottes Geschenk an die Menschheit. Die Menschen können in gewissen Grenzen wählen, was sie tun werden, aber letztendlich werden sie ihren Lernstoff bewältigt haben. Ob sie ihn so schnell lernen wie es eigentlich möglich wäre, ist ihre eigene Wahl. Wenn das Gottes-Bewusstsein in ihnen wächst, werden sie weiser und entgehen so manchem Leid. Aus diesem Grund bringen sie im Allgemeinen, wenn sie weiser und älter sind, nicht so viel Leid über sich als in ihrer Jugend.

In bestimmten Stadien der Entwicklung haben Seelen nicht so viele Wahlmöglichkeiten darin, wie sie wiedergeboren werden. Im Falle junger Seelen, zu Beginn ihres Lebenszyklus, wird die Wahlmöglichkeit weniger dem Einzelnen als der Gruppenseele gegeben. Die Gruppenseele wird die Gruppe zum Guten der Gruppe leiten. Oft finden sich die jüngeren Seelen in Umständen, die zu Beginn besonders schwierig sind. Das heißt nicht, dass alle, die in solchen Umständen leben, junge Seelen sind. Es mag Seelen geben, die diese Umstände *gewählt* haben.

So ist also euer Maß an freiem Willen weitaus stärker eingeschränkt, als ihr es euch vorstellen könnt. Über die wesentlichen Ereignisse in ihrem Leben haben die Menschen gegenwärtig keine Macht. Aber sie können die Zukunft kontrollieren; das heißt, sie können in diesem Lebensabschnitt das gestalten, was ihnen in einer späteren Inkarnation begegnen wird. Im gegenwärtigen Leben kommen Dinge aus der Vergangenheit hoch, obwohl den Menschen das Gefühl gefällt, einen freien Willen zu haben! Die Frage ist nicht, ob Gott eingreift; die Menschheit hat sich selbst mit bestimmten Ereignissen bedacht. Ihre Reaktion darauf wird ihre Zukunft gestalten.

Der freie Wille der Menschheit, sagten wir früher, ist der Wille Gottes. So könntet ihr fragen, ob es richtig oder gerecht ist, dass der Mensch bestraft wird, wenn er wählt, ein Verbrechen zu begehen. Wenn wir von dem Willen Gottes sprechen, beziehen wir uns auch auf das göttliche Gesetz, das alles Leben so lenkt, dass die Seele durch Erfahrung erleuchtet wird: mit anderen Worten, dass die Seele wachsen kann. Während er das menschliche Handeln leitet, das manchmal böse zu sein scheint, führt nun der Wille Gottes in Wirklichkeit diese Seele durch eine notwendige Erfahrung. Die entsprechende Bestrafung ist ebenfalls eine Erfahrung. Betrachtet den Verlauf des so genannten Guten und Bösen als ein Wachstum für jede menschliche Seele. Wenn der Wille die Seele zu einem

Verbrechen drängt, dann ist das Verbrechen ein Weg der Erfahrung für diese Seele. Denkt daran, dass das Gesetz des Karma hinter all diesen Dingen ist, und Sünde und Leid sich schließlich als Reinigung und Wachstum erweisen können. Alles, womit das Gesetz des Lebens befasst ist, ist Wachstum. Das drückt sich in jeder Form des Lebens aus – Wachstum, *Wachstum*! Wenn ihr dessen eingedenk seid, dann enthaltet ihr euch aller Verurteilung, allen Urteils, und ihr beginnt zu lieben. *Richtet nicht, auf dass ihr nicht gerichtet werdet.*[*15] Verurteilt niemals, kritisiert niemals!

Und schließlich hilft der Schutzengel der Seele – wenn sie Hilfe verlangt – indem er sie führt und stärkt, aber es bleibt dem Einzelnen überlassen, eine solche Hilfe anzunehmen oder abzulehnen. Jedes menschliche Wesen ist sein eigener Erlöser. Es hat den freien Willen, das zu erschaffen, was in ihm selbst ist. Und wenn dieses Wesen in die geistige Welt kommt, dann findet es all die Schönheit, Liebe, Selbstlosigkeit und Hingabe, die es in diesem Leben an andere verströmt hat, in dem neuen Leben um sich herum wieder erzeugt. Viele Seelen, die nach dem Tod auf der Astralebene erwachen, sagen: „Alles, was ich sehe, ist Gott. Gott in den Blumen, Gott in den Bäumen, Gott in der Form, Gott in der Landschaft, Gott in allem!“ Ja; und wir hören auch: „Ich bin in Gott und Gott ist in mir. Wir sind untrennbar“. Und dennoch behalten die Seelen ihre Individualität. Alle Schönheit Gottes fließt durch sie und je ähnlicher sie Gott sind, umso schöner ist ihre Umgebung und ihre Erscheinung. Sie sind in jeder Hinsicht Kanäle Gottes. Darin liegt die Wahl der Seele.

Eure Dichter erzählen euch scheinbar widersprüchliche Dinge. Ihr seid „Meister eurer Seele“, sagt der eine, aber ein anderer erzählt euch, dass es „eine Gottheit gibt, die eueren Lebenszweck formt“. Wenn ihr der Kapitän seid, oder Meister, wie kann es zugleich ein Schicksal geben, das euer Leben formt? Selbstverständlich ist es natürlich, das Gefühl zu haben, dass ihr der Kapitän *seid*, und die Lehre, die von den geistigen Ebenen kommt – ganz gleich durch welchen Kanal – veranlasst euch auch, das Kommando zu übernehmen. Sie befiehlt dem Ego, dem göttlichen Antrieb, das Steuer zu übernehmen und das Leben zu lenken. Aber wenn die Zukunft bereits geplant und angeordnet ist, worin besteht dann der Nutzen, Anstrengungen zu unternehmen, um sie zu ändern?

Wir möchten euch daran erinnern, das Heute erschafft das Morgen. Euer Schicksal liegt in euren eigenen Händen. Wenn ihr das Gestern überschaut, seht ihr vielleicht, dass bestimmte Schwingungen in eurem Leben das Ergebnis von Handlungen sind. Wir wissen, dass es ein Gesetz gibt – eines der fünf fundamentalen Gesetze des Lebens – das Gesetz von Ursache und Wirkung. Jedes menschliche Wesen wirft ständig einen Schatten auf seine Zukunft voraus, eine auf die kommenden Tage gerichtete Spiegelung. Darum können diejenigen, die visionäre Kraft besitzen, sicher die Zukunft vorhersagen. Die Schwingungen, auf die wir uns beziehen, spiegeln „Bilder“ in den Äther. Eure Filme stellen eine mechanische, materielle Veranschaulichung der Macht des Unsichtbaren dar, ebenso wie eure gewöhnlichen Photographien. Euer Leben heute ist wie eure kleine Kamera, die Bilder aufnimmt. Bildet ihr also auch auf der Leinwand im Äther Ereignisse ab, die wahrscheinlich geschehen werden? Die Schwingung, die gestern auf den Äther projiziert wurde, wird heute reflektiert, die Schwingungen von heute werden in einem zukünftigen Leben reflektiert werden – nicht notwendigerweise im geistigen Leben, aber im inkarnierten Leben. Und so sind gestern, heute und morgen alle eins.

Saatkörner wurden in euren früheren Leben ausgesät, Schwingungen wurden in den Äther ausgesandt. Wir können nicht auf all die wunderbaren Einzelheiten eingehen, die das Ergebnis sind, aber die Schwingungen durchdringen die astralen und geistigen Welten und setzen bestimmte Kräfte in Bewegung, die wiederum zum Absender gezogen werden. Als Folge wird die Seele in die Lebensumstände geführt, die geschaffen wurden. Wir können das mit den Einflüssen der Planeten verbinden. Viele finden die Idee absurd, die Planeten könnten das menschliche Leben beeinflussen; aber wir können euch versichern, dass es nichts Nutzloses im Universum gibt; es ist voller göttlicher Entsprechungen. Planetarische Kräfte werden zum zentralen Punkt eines Wesens gezogen, und es erfolgt die Wiedergeburt dieses Wesens. Das Saatkorn wird genau in dem Erdboden wiedergeboren, der ihm am besten hilft, zu wachsen und feinere Schwingungen in die Zukunft auszustrahlen. Versucht, den Gedanken festzuhalten, dass das gesamte Universum auf letztendliche Vollkommenheit hinarbeitet, hin zur Gottähnlichkeit.

Lasst dies immer euren Leitstern sein. Erlaubt ihm, euer Leben zu leiten, denn *heute ist Ewigkeit.* Diese Schwingungen, die ihr heute in Bewegung setzt, sind eure Zukunft. Haltet fest an diesem Ideal der Wahrheit, Schönheit und Lieblichkeit euer ganzes Leben hindurch und ihr erschafft ein schönes Morgen. Was ihr heute erleidet, ist die Schwingung von gestern. So ist das Heute Ewigkeit, da es das Gestern reflektiert und das Morgen erschafft.

Das Leben, so versichern wir euch, ist Schwingung. Da die Schwingungen, die in der Vergangenheit in Bewegung versetzt wurden, durch den Äther widerhallen und heute in eurem Leben zur Ruhe kommen (wenn wir diesen Ausdruck verwenden dürfen), können wir euch sagen, dass ihr die Macht habt, die Zukunft zu gestalten. In diesem Sinne seid ihr der Kapitän eures Schiffes, der Meister über eure Seele.

Die physischen Körper, in welche die Seelen geboren werden, die ätherischen Körper, welche die Brücke zwischen der Welt der Materie und der Welt des Geistes bilden, die mentalen Körper mit deren Hilfe der Mensch die Gesetze des Lebens versteht und Erfahrungen des Erdenlebens erwirbt: all diese Ausdrucksmittel sind das Ergebnis der Vergangenheit. Heute erschafft ihr oder baut ihr die Atome in eure Seele ein, die benutzt werden, um zukünftige Formen für euch zu bilden, durch welche ihr euch manifestieren werdet, wenn nicht auf diesem Planeten Erde, dann möglicherweise auf einem anderen Planeten dieses Erdensystems. *[16]

Daher liegt die Wahl bei euch. Ihr könnt in eure Seele Krankheitsatome einbauen, durch Missachtung und Halsstarrigkeit und besonders durch die Nichtbeachtung von Möglichkeiten, innere Weisheit zu erlernen. Ihr könnt wundervolle Gelegenheiten aufbauen. Ihr könnt euch durch euren eigenen freien Willen einschränken, und die Herren des Karmas können Körper nur wieder mit dem Material aufbauen, das ihr ihnen anbietet.

Ihr gebt den Engeln die Substanz, das Material, aus dem eure nächste Lebensform Gestalt annehmen wird. Eure *Reaktion* ist es, die Helligkeit oder ganz Anderes für die Zukunft erschafft. Die Geschehnisse in eurem Leben sollten als Werkzeuge angesehen werden, die in eure Hände gelegt wurden, um das Material eurer Seele zu gestalten und zu formen. Stellt euch die Seele als einen rohen, unbearbeiteten Stein vor, den rohen Quaderstein, und die Ereignisse als Meißel und Hammer, mit denen die Seele zu einem vollkommenen Quadrat geformt wird. Wenn er so bearbeitet ist, passt er an den ihm zugedachten Platz in dem von euch erschaffenen geistigen Tempel, der die „Überseele“ oder das höhere Bewusstsein ist. Während ihr auf der Erde weilt, ist eure Seele der unbearbeitete Quaderstein, der irdische Stein, der für sein himmlisches Schicksal bereit gemacht wird.

6

WENN DER FREIE WILLE ZUM WILLEN GOTTES WIRD

Der Ruf zur Einweihung

BESTIMMTE Ereignisse im Leben sind nicht das Ergebnis von Ursache und Wirkung, sondern die Seele wird tatsächlich aufgerufen, sich ihnen zu unterziehen. Das sind diejenigen, die wir Einweihungen nennen werden. Die Vorbereitung der Seele für die Einweihung ist manchmal unangenehm. Sie mag die Form eines schmerzlichen Verlusts mit sich bringen, einen geliebten Menschen aufgeben zu müssen; oder sie mag eine große Veränderung im Leben bedeuten, vor der die Seele zurückschreckt, einfach deshalb, weil sie es vorzieht, an gewohnten Umständen und Gegenständen zu hängen, und sich dagegen wehrt in das Unbekannte vorwärts zu gehen. Es folgt ein Kampf mit sich selbst, der Schmerz und Leid verursacht. Sobald die Seele versteht und erkennt, dass sie mit einer Einweihung konfrontiert wird und sagt: „Nicht mein Wille, O Gott, sondern Dein Wille geschehe", dann ist das ein wahrer Akt der Hingabe (nicht des Opfers, denn ein Opfer ist etwas anderes). Es ist ein Akt, der in Übereinstimmung mit dem Gesetz der Liebe ist. Jesus betete: „*Vater, wenn du willst, lass diesen Kelch an mir vorübergehen*". Als er wusste, dass dies nicht dem Willen Gottes entsprach, sagte er: „*Doch nicht mein, sondern Dein Wille geschehe*".*[17] Danach schritt er ruhig voran, um dem zu begegnen, was ihm bestimmt war.

Es gibt keine Seele, die nicht zu irgendeiner Zeit einer Einweihung entgegentreten muss und sich entweder dem Willen Gottes übergibt oder sich weigert, dies zu tun. Aber denkt daran, es ist kein Akt der Hingabe an Gott, wenn ihr keine Anstrengungen unternehmt, euch selbst zu helfen oder Schmerz und Leid anderer zu lindern. Indem ihr Schlechtes als unvermeidbar hinnehmt, akzeptiert ihr nicht Gottes Willen, denn Gottes Absicht war es nicht, die Menschheit leiden zu machen. Gott erschuf vielmehr eine schöne Welt, und er schuf nicht nur ein, sondern jedes Individuum als „Seinen eingeborenen Sohn", damit es die Schönheiten des Lebens genießen möge. Denn der Sohn ist nicht nur Christus, sondern der Geist des Christus, der in der Menschheit geboren wurde.

Der Kandidat, der auf dem Weg voranschreitet, der zu den Pforten der Einweihung führt, muss darauf vorbereitet sein, das Kreuz der Entsagung oder der Kreuzigung willkommen zu heißen. Die Seele, die stark wird, die Seele, in der die Flamme hell zu brennen beginnt, wird allem Verzicht philosophisch, ruhig und freudig begegnen. Denn diese weise Seele wird wissen, dass das, was verloren wurde, seinen Zweck erfüllt und ausgedient hat und dass sie nun etwas Besseres erwartet. Ob dieses auf der geistigen oder der materiellen Ebene kommen wird, weiß sie nicht; aber ganz gewiss erwartet sie etwas Besseres. Ihr müsst lernen, dem Kreuz mit Ruhe und Gelassenheit, zu begegnen, in dem Wissen, dass aus der Asche der Vergangenheit ein neues Leben geboren wird.

In seinem Herzen weiß jeder Einzelne von euch, dass das wahr ist. Ihr habt das tatsächlich erfahren. Schmerz und Leid kommen so oft, weil eine Seele an einem Umstand festhalten will, der offensichtlich entfernt werden muss. Aber sobald ihr diese Lektion gelernt habt, sobald ihr willens seid, Verzicht zu leisten, erhaltet ihr frische Gelegenheiten und größere Segnungen. Wir möchten sogar sagen, dass die Hand des Meisters auf das Haupt des Schülers gelegt wird, mit den Worten: „Gut gemacht, kleiner Bruder ..." oder „Gut gemacht, kleine Schwester ...".

Alle tieferen Erfahrungen des Lebens sind auf ihre Weise Einweihungen. Aber es gibt sowohl größere wie kleinere Einweihungen. In der Tat lehrten die Alten, dass es drei Haupteinweihungen gibt, die jede Seele bestehen muss. Da ist die Einweihung auf der physischen Ebene, die Einweihung auf der Seelenebene und die Einweihung auf der geistigen Ebene des Lebens. Es gibt auch vier weitere größere Einweihungen, die nicht so wichtig sind wie diese drei. Versucht euch die drei Einweihungen vorzustellen als ein Dreieck, das die Seite der Pyramide formt, die euer Leben ist. Da eine Pyramide vierseitig ist, ist die Basis der Pyramide ein Quadrat und dieses wird dargestellt durch die vier weiteren Initiationen oder Lektionen, welche die Seele lernen muss. Diese vier Lektionen sind die der Erde, der Luft, des Feuers und des Wassers. Die ganze Pyramide ist das vollkommene menschliche Wesen, das während vieler Leben vervollkommnet wurde.*[18]

Lasst uns nun die Dinge im Einzelnen beschreiben. Ehe sie sich inkarniert, werden der Seele drei mögliche Pfade angeboten. Der eine mag nicht so schwierig sein, so dass ein wenig Karma getilgt würde. Der nächste Pfad ist etwas schwieriger und der dritte vielleicht so schwierig, dass praktisch alles verbleibende Karma ausgeglichen würde. Der Seele ist die Wahl gegeben, den höchsten, den mittleren oder den geringsten Grad zu nehmen. Sie mag wählen, sich zu beeilen oder die Dinge auf langsame Art und Weise anzugehen. Wenn daher in eurem Leben etwas auftaucht, was sich wie großes Karma anfühlt, sagt zu euch: „Ich habe mir das selber ausgesucht; ich werde damit fertig werden!“ Es gibt wirklich keinen Zwang, da die Seele ihre Wahl hat. Sie wird nicht zur Reinkarnation gezwungen.

Manche sagen: „Nichts wird mich dazu bringen, zurückzukommen!“ Nun, ihr werdet nicht in diesem Gemütszustand zurückkommen; aber später, wenn ihr etwas sehr Schönes seht und erfahrt, dass es nicht euer sein wird, ehe ihr nicht zur Erde zurückkehrt, werdet ihr letztendlich sagen: „Ja, ich möchte dieses schöne Ding haben“. Das höhere Selbst sieht; das niedere Selbst wehrt sich sehr heftig und rebelliert. Aber das höhere Selbst inspiriert es und drängt es die ganze Zeit voran. Es kann sein, dass die Seele das, was sie ersehnt, nicht in einer Inkarnation gewinnt, letztendlich gewinnt sie es aber doch. Es ist besser, sich nicht aufzulehnen!

Wir denken, dass ihr inzwischen eine schwache Ahnung habt von dem enormen Ausmaß des Lernstoffes, der während der Reise des Geistes von seinem ersten Geburtsort, dem Herzen Gottes, bis zum Ende seiner Bahn bewältigt werden muss. Zu Beginn durchläuft er alle die inneren oder unsichtbaren Ebenen, um sich zum Schluss auf der tiefsten Ebene der Materie zu manifestieren. Hier entfaltet er sich durch die mineralische, die pflanzliche Ebene und das Tierreich bis hin zur menschlichen Ebene. Danach kehrt er auf dem höheren Bogen zurück, durch die höheren Ebenen, in denen sogar größere Einweihungen durchlebt werden. Im Augenblick sind diese nicht unser Thema, außer, dass wir eines sagen. Ihr solltet im Gedächtnis behalten, dass, wenn ihr euch entfaltet, dem Geist eine unbeschreibliche und unbegreifbare Freude zuteil wird – und es werden mehr und mehr dieser wunderbaren Erfahrungen kommen. Sie dauern an, solange bis jeder menschliche Geist einen vollkommenen Sohn, eine vollkommene Tochter Gottes darstellt.

Der Weg ist bereitet

Jesus, der große Eingeweihte, wusste während vieler Inkarnationen, worin sein Schicksal bestand. Er wurde auf der Erde geboren, aber er war lange zum Mittler vorbereitet worden, durch den der Träger des Christuslichtes wirken und Ausdruck finden konnte – nicht nur durch seine drei Jahre dauernde Sendung, die nur ein kleiner Teil der Taufe ist, die durch die Vermittlung des Nazareners auf die irdische Ebene kam. Denn mit dem Kommen des Trägers des Christuslichtes, das durch Jesus von Nazareth wirkte, geschah eine gewaltige Taufe der Menschheit, und aus dieser Zeit datiert der Wandel vom alten Rassen- und Stammesbewusstsein hin zu dem neuen Geist der Liebe, des Friedens und der Bruderschaft.

Als das Licht bei der Kreuzigung sozusagen aus dem Gefäß des Jesus von Nazareth befreit wurde, öffnete sich der Weg für alle Menschen, den Pfad der Einweihung zu betreten. Das Symbol des Zerreißens des Vorhanges im Tempel bedeutete, dass das Allerheiligste, das bisher vor dem gemeinen Volk verborgen war, nun allen offen stand; die Dunkelheit, die dann auf die Erde fiel, war keine Dunkelheit, wie ihr sie versteht. Vielmehr verdunkelte sich die im Schatten befindliche Erde im Vergleich mit der Herrlichkeit des Christuslichtes.

Spürt den Aussprüchen des Meisters nach; in all seinen Belehrungen betonte er, dass sein Kommen nicht jene Besitz ergreifende, persönliche Liebe bringen würde, die der Mensch kennt, sondern die universelle Liebe, die alle umfasst. Im Verlauf muss es zwangsläufig Verwirrung und Leiden geben. Denkt nicht, dass unpersönliche Liebe kalt ist, denn sie ist die allerschönste umfassende, heilende und mitfühlende Liebe – so wie sie Christus offenbarte.

Vom Persönlichen zum Universalen, so entfaltet sich die Menschheit: von der Rasse und dem Stamm zum Universalen. Ihr beginnt nicht nur alle Menschen als Brüder oder Schwestern zu empfinden, sondern die ganze Natur, alle Schöpfung. „Wer ist mein Bruder?" – Sagte Er das nicht? „Wer ist meine Schwester, meine Mutter?" „ … *wer den Willen meines Vaters tut, der im Himmel ist.*" *[19] „Diejenigen, die bereit sind, errettet zu werden ..." Das sind Worte, die heutzutage verworfen werden, aber im Lichte der Lehre von Reinkarnation und Karma Leben erhalten. Wahrhaftig, man muss sein Karma abarbeiten; aber wenn die Seele das Christuslicht sieht und versteht, wird sie durch diesen mystischen Kontakt mit der Liebe Christi von sich aus ein Träger dieses Lichtes.

Es ist wahr, dass Weisheit vom Himmel kommt als Ergebnis eures Emporstrebens zu höheren Ebenen himmlischen Verständnisses; und die Weisheit sagt, dass bittere und schmerzvolle Erfahrungen schmerzvoller werden, wenn ihr zulasst, dass sie euch emotional und mental verstören. Ihr alle müsst lernen, sie beiseite zu legen. Ihr müsst lernen, alles zu vergessen, außer die Liebe des Sohnes Gottes. Ihr könnt euch den Sohn Gottes als reines Licht und reine Liebe vorstellen. Dagegen gibt es immer den Zug des niederen Selbst und der Emotionen nach unten und all die physischen Schwingungen, nicht nur eure eigenen sondern auch diejenigen der Menschen in eurer Umgebung.

Ihr wollt die Wahrheit erfahren; und ihr wollt emporstreben und so ein gewisses Maß an Kontrolle über euer schwächeres Selbst erlangen. Diese Kontrolle muss sowohl auf der niedersten wie der höchsten Ebene Anwendung finden. Ein kosmisches Gesetz, das alle Ebenen des bewussten Lebens durchdringt, besagt, dass alle menschliche Natur gehorsam gemacht und beherrscht werden muss. Das lernt ihr sehr langsam und schmerzvoll auf der irdischen Ebene. Alsbald wird eine Zeit der Erlösung kommen und ihr werdet in einem Zustand höchster Seligkeit und höchsten Glückes verweilen, einem Ruhezustand. Auf dieser Erdebene seid ihr jedoch in der Arena, kämpft mit Kräften, über die ihr derzeit noch wenig wisst. Wir möchten euch nicht erschrecken, und tatsächlich gibt es nichts zu befürchten, besonders dann nicht, wenn ihr mit dem Zentrum, dem vollkommenen Juwel, dem Herzen Christi, verbunden seid. Wir sehen viele beunruhigte Gemüter und verwirrte Gedanken. Aber diese Verwirrung wird sich auflösen, wenn ihr die Anstrengung unternehmt, Kontakt mit dem göttlichen Herzen aufzunehmen. Wie tun wir das? Durch einfaches Gebet, Vertrauen, Zuversicht, und vor allem durch Demut. Wer wahrhaft demütig ist, wer sich niederwerfen kann vor dem strahlenden Thron der Liebe, wird sofort erhoben in das Licht; und Frieden wird in dieser Person herrschen. Er oder sie wird dann das Herz der großen Stille berührt haben; und alles ist gut, sobald ihr das einmal wahrgenommen habt.

Jesus veranschaulichte diese Wahrheit bei mehreren Gelegenheiten, so etwa, als er den Wellen befahl, sich zu beruhigen. Alle Emotionen eures eigenen beunruhigten Selbst werden ebenso beruhigt, wenn der Meister Besitz von eurem Herzen ergreift. Lasst all eure Sorgen von euch abfallen, denn, seht ihr, Gott wird sich ihrer annehmen, wenn ihr nur Ihm/Ihr die Möglichkeit dazu gebt. Gott wird sich ihrer annehmen durch euch und andere.

Wir sprechen vom Meister Jesus, denn seiner menschlichen Liebe und seines Verständnisses bedürfen die Menschen, und Gott manifestiert sich in ihm. Gott manifestiert sich in allen menschlichen Wesen und im höchsten Grade tat er es in Jesus dem Christus. Christus ist der Sonnenlogos, oder die Sonne, und das himmlische Licht und das Leben manifestieren sich durch diese Sonne. Ohne die Sonne wäre sogar auf der physischen Ebene kein Leben.

Denkt daran: Gott wird euch nicht im Stich lassen, wenn ihr ihn nicht im Stich lasst. Übergebt euch Gottes Willen und seiner Liebe, und alle Ängste werden euch verlassen. Alle komplizierten Probleme werden gelöst. Gott benützt Seine/Ihre Kinder bei der Umsetzung des göttlichen Planes, lasst also zu, dass Gottes Wille in eurem Leben geschehe. Haltet Ausschau nach der Manifestation Gottes in denen, die durch euer Karma mit euch in Kontakt gebracht werden.

Natürlich wissen wir, dass ihr euch in eurer Welt der Einwirkung der Schwingungen und Gedanken anderer Menschen aussetzen müsst. Diese beeinflussen euch mehr, als ihr merkt, besonders in einer großen Stadt. Aber ihr wurdet dorthin gesetzt wo ihr seid, weil euch euer Karma dorthin gebracht hat, und es hat euch auch zu den Gelegenheiten geführt, von denen wir gesprochen haben. Wenn ihr durch Erfahrung die Kontrolle über eure Emotionen und Gedanken erlangt habt, seid ihr geschützt vor Gedankenkräften auf einer niedrigeren Ebene.

Wir bitten euch anzunehmen, was wir euch sagen. Dies ist das geistige Gesetz, und wenn es Ereignisse gibt, die ihr nicht verstehen könnt, müsst ihr lernen, sie zu akzeptieren als das Ergebnis der Auswirkung eines Gesetzes. Denkt auch daran, dass die Erde regelmäßig Beweise erhält, die deutlich machen, dass es zwangsläufig Auswirkungen haben muss, wenn die Menschheit bei ihrer Suche nach Wissen störend auf das Naturgesetz einwirkt. Es muss für dieses Zeitalter wissenschaftlicher Experimente und Forschung ein Preis gezahlt werden, aber alles Leben, das diesem Prozess zum Opfer fällt, wird nicht umsonst geopfert. *[20] Manchmal leiden die Menschen und sind sehr traurig. Ihr Leben scheint zerrüttet und in einem Zustand der Dunkelheit zu sein, aber das dauert nicht an. Der Zustand vergeht und diejenigen, die leiden, machen schrittweise einen Prozess geistiger Erweiterung durch. Damit geht ein Licht einher, eine Freude und eine Schönheit, wie sie bisher nicht gekannt wurden. Ja, das Leben wird schön, wenn ihr in jedem Vorkommnis während eures gesamten Lebens nach der Schönheit Gottes sucht.

Wir möchten euch sagen, dass ihr geduldig und beständig auf dieses geistige Erwachen und diese Entfaltung hinarbeiten müsst. Nein, es ist kein einfacher Weg. Aber wie wir gesagt haben, die Qualität der Dankbarkeit, der Dankbarkeit gegenüber Gott, erleuchtet ihn. So betet, meine Brüder und Schwestern, dass ihr lernen möget, den Willen Gottes anzunehmen, in dem Wissen, dass Gottes Absichten, obwohl sie vor euch zur Zeit verborgen sind, gut und weise sind. Betet, dass ihr lernen möget ihn anzunehmen, und betet, den *Willen Gottes zu wollen*. Was euch zunächst als bitteres Leid erscheinen mag, wird euch zu gegebener Zeit als große Chance geoffenbart werden, denn durch eure Enttäuschung, durch euren Kummer, wird die Saat der geistigen Ernte gesät worden sein.

Seid daher guten Mutes. Seid hoffnungsvoll und tapfer; seht zum Himmel empor! Seht niemals hinab in den Morast, in die dunklen Sümpfe des Materialismus. Seht zu den goldenen Bergen hinauf, zu dem goldenen Königreich Gottes, denn dies ist die Quelle eurer Kraft. Und nicht nur die eurer Kraft, denn durch euer Streben werdet ihr all jene aufrichten, die in den Sümpfen wohnen, in dem Land der Dunkelheit. Es erfordert Anstrengung, das wissen wir, aber wir kennen auch die Belohnung, die euch erwartet, wenn ihr euch bemüht, zum Lichte empor zu blicken, zum Königreich Gottes.

7

DAS GESETZ DER ENTSPRECHUNGEN

Dem Meister folgen

DAS GESETZ der Entsprechungen wird von manchen das Gesetz der Harmonie genannt. Es ist das Gesetz, durch welches die menschliche Seele sich auf den feineren Äthern widerspiegelt, auf der astralen Ebene der Begierden und Gefühle. Die Gegebenheiten auf der astralen, der mentalen und der spirituellen Ebene sind die Seelenspiegelungen, die das Erdenleben der Seele auf die unsichtbaren Ebenen wirft. „Wie oben, so unten; wie unten, so oben" lautet der Spruch. Wenn also die Seele göttliche Erleuchtung sucht und sich bemüht, die Qualitäten Gottes auszudrücken, spiegelt sie das Himmlische in das alltägliche Leben hinein. Ihr könnt nicht fehlgehen, den Heiligen oder Älteren zu erkennen, denn das Licht in einem solchen Wesen ist eine Reflektion des Himmels. Gleiches spiegelt immer Gleiches wider.

Lasst uns über das Leben des Meisters Jesus von Nazareth nachdenken. Manche glauben, dass die Schilderung dieses schönen Lebens nur ein Ideal ist. Sie halten es für wahrscheinlich, dass Jesus niemals tatsächlich lebte. Es ist ganz sicher wahr, dass so viel Geheimnisvolles sein Leben umgibt, dass es fragwürdig ist, ob die Geschichte, wie sie in den vier Evangelien dargestellt wird, zuverlässig ist – nachdem so viele Lehrer und Übersetzer mit den ursprünglichen Aufzeichnungen umgegangen sind. Aber wir möchten, dass ihr bedenkt, dass, wie auch immer die historische Wahrheit ist, im Leben des christlichen Meisters das Leben von „Jedermann" geschildert wird: der Pfad der Entwicklung, der jede Seele erwartet. So versichern wir euch, dass die Schilderung des Lebens Christi ein Ideal auf die Erde herabbringt oder einen geistigen Mann/eine geistige Frau des Himmels. So kann Schritt um Schritt in der Geburt, den Einweihungen und der Kreuzigung der exakte Weg verfolgt werden, dem jede einzelne Seele folgen muss.

Ihr werdet nun sehen, warum wir in der Lage sind zu sagen, dass Gott sich schon in vielen Gesalbten manifestiert hat, nicht nur in Jesus. Aber Jesus wurde lange bevor er zur Erde kam darauf vorbereitet, ein vollkommener Kanal für die Manifestation des Lebens des Gottessohnes zu sein. Das Leben Jesu des Christus war die wunderbarste Manifestation, die bisher auf dem Erdenplaneten stattfand und die wunderbarste Demonstration der Tatsache, dass der Mensch nicht stirbt. Viele Geschichten, falsche wie wahre, wurden über das Begräbnis oder vielmehr die Grablegung Jesu erzählt. Aber es gibt nur eine Wahrheit und die muss jeder Einzelne finden. Sie liegt im eigenen Wesen jedes einzelnen Menschen.

Die Wahrheit über das Grab Jesu wird veranschaulicht in der Analogie mit dem Geist, der im äußeren Selbst und im Körper eines jeden Menschen eingeschlossen ist. Wir sagen nicht, dass dies die einzige Grablegung des Sohnes Gottes ist, aber sie ist eine Verdeutlichung der Wahrheit; denn in euch und in aller Menschheit liegt der göttliche Geist, der Sohn, das Licht, welches der Retter ist, der

Erlöser aller Menschen. In der Geschichte der Grablegung Jesu ist eine wunderbare esoterische Wahrheit, eine, die für die Menschheit nach der Entfernung des Körpers vom Kreuz zur Erde gebracht wurde. Sein Körper wurde in das Grab gelegt, aber wo war Jesus selbst? Ganz sicherlich war er nicht in diesem Grab. Er hatte sich vom Gefängnis befreit. Er war in einer anderen Sphäre des Lebens aktiv geworden; er besuchte die verzweifelten Seelen auf der Astralebene, Seelen, die hinabgedrückt wurden durch ihre eigenen Torheiten, ihre Sünde und Unwissenheit. Sünde und Unwissenheit binden die Seele. Nur Liebe und Licht befreien die Seele, und so diente Jesus denen, die in Sünde und Unwissenheit gefangen waren.

Wie wir gesagt haben: „Wie oben, so unten". Göttliche Wahrheit wirkt jederzeit auf der physischen Ebene, in jedem menschlichen Wesen und ebenso in allen Ereignissen des menschlichen Lebens. Wenn ihr also den Schlüssel besitzt, werdet ihr göttliche Wahrheit in all diesen Ereignissen finden.

Jesus sagte einmal: *„Wer an mich glaubt, der wird auch die Werke tun, die ich tue"*. *[21] Nun, worin bestanden diese Werke? Jesus besaß eine übernatürliche Kraft zu heilen; er konnte auch die Toten zum Leben erwecken. Er konnte in seinen Gleichnissen der Menschheit die tiefsten und schönsten Wahrheiten schenken. Am Ende lehnte er es ab, sich vor der Kreuzigung zu retten, obwohl er hierzu die Macht hatte, denn er hatte noch eine Aufgabe zu erledigen. Diese Aufgabe bestand darin, der Menschheit vor Augen zu führen, dass sie nicht getötet werden kann, nicht einmal durch Kreuzigung, nicht einmal durch Mord. Jesus verdeutlichte dieses und mehr. Aber was bedeutet *die Werke auch tun, die ich tue*? Wir wollen es euch sagen. Im Menschen sind versteckte Kräfte, die sie befähigen, wenn sie entfaltet sind, alle möglichen Dinge zu tun, sogar ihren Körper willentlich zu verlassen und bei vollem Bewusstsein in höhere Sphären zu reisen. Dieses Vorgehen ist normal und natürlich für jemanden, den ihr Meister nennt, oder für den Schüler eines Meisters; so dass er oder sie den physischen Körper, wenn er seinen Zweck erfüllt hat, niederlegen und in eine andere Welt gehen kann – ein Besuch, an den das große Wesen bereits gewöhnt ist.

Ein Meister kann sich jederzeit frei in der geistigen Welt bewegen. Er oder sie kennt keinen Tod. Er existiert nicht. Aber Jesus ging noch einen Schritt darüberhinaus, indem er zwischen den Welten hin und her reiste. Er war in der Lage, die Atome seines Körpers durch geistige Kraft, oder durch die Kraft Gottes zu verändern, so dass sein Körper verwandelt wurde, transformiert aus der Dichte des Fleisches zu einem mehr ätherischen oder vergeistigten Zustand. Andere vorangeschrittene Seelen – nicht nur von dieser Erde, sondern auch auf anderen Planeten – die einen ähnlichen Grad der Meisterschaft erlangt haben, sind fähig, so wie es Jesus war, das physische Atom selbst zu verändern.

Diesem Licht zu folgen, ist der Weg zur Befreiung von allen Beschränkungen des Fleisches. Auf diese Weise vollbringen die Meister ihre Wunder. Sie werden schon im Leben den Heiligen ähnlich. Sie verweilen beständig im

Gedanken an Gott, an die Reinheit Gottes, die Liebe Gottes. Sie leben darin. Sie nehmen sie auf. Sie kommt zu ihnen und sie strahlt von ihnen aus. Sie werden erleuchtet. Ein Heiliger wird an seiner/ihrer Aura erkannt und an der Erleuchtung, die vom Körper ausstrahlt. Ihr werdet wissen, dass der Körper eines Heiligen so rein wird, dass er nicht verwest. Sogar dieses Phänomen zeigt nur einen gewissen Grad geistiger Errungenschaft an, wenn ihm keine spätere Entwicklung folgt. Der Körper wird nicht nur seine Reinheit und Vollkommenheit behalten, sondern wird in die Luft steigen und aus der Sicht der Sterblichen verschwinden. Ihr wisst, dass das, was wir euch sagen wahr ist, denn der Meister Jesus veranschaulichte diese Tatsache, so wie es andere vorher und seitdem taten. Ihr habt in eurer Bibel den Bericht von Elias, der in einem feurigen Wagen emporgehoben wurde. Sein Körper wurde so erhöht und seine Atome so von Licht erfüllt, dass er in seinem Feuerwagen emporstieg und erleuchtet wurde.

Das endgültige Ergebnis des Lebens einer Seele auf dieser Ebene wird sein, dass sie, nach wiederholten Inkarnationen und Prüfungen in einem Zustand der Dunkelheit, schließlich in ein Stadium des Lichtes kommt. Indem er in das Licht eintritt, wird der ganze Körper dieses Wesens zum Lichtkörper werden. Er oder sie wird nicht sterben, und der Körper wird nicht verwesen, so wie er es heute tut. Er wird einfach von einem Stadium in ein anderes befördert, das Licht und geistige Schönheit ist. Wenn der Körper stirbt, vergehen die Atome. Natürlich: dies erfolgt, da die Wahrheit, dass der Körper vollkommen aus Licht besteht, nicht beachtet wird. Der Einfluss der Erde ist von solcher Art, dass der Geist mit der Zeit gezwungen wird, sich aus dem Körper zurückzuziehen. Er geht in ein Stadium der Ruhe. Später macht er einen neuen Versuch.

Ihr könnt nach Erleichterung von den Härten eures Lebens suchen, aber ihr dürft euch nicht bemühen, vor dem Leben zu fliehen, außer um einen stärkeren Kontakt mit Gott herzustellen. Lasst das Licht Gottes so euer Wesen durchfluten, dass ihr von Dunkelheit zu Licht, von der Erde zum Himmel erhoben werdet.

Vollkommenes Licht – Oben ... Unten ...

Alles Leben ist eins, und es gibt diese völlige Durchdringung des Lebens von oben nach unten. Aber das menschliche Wesen, ein Funken Gottes, muss das lernen, indem es Erfahrungen in der dichtesten Form der Manifestation auf der Erde macht; denn – erinnert euch – der Mensch wurde erschaffen, um Meister über die Materie zu werden. Doch selbst auf der physischen Ebene ist er/sie immer noch Teil des Schöpfers; ist ein Sohn oder eine Tochter Gottes. Alle Schöpfung – Natur, Menschen, Engel, alle Formen des Lebens – ist aus dem einen Geist, und alle bilden eine große Familie mit Gott als ihrem Vater und der Göttlichen Mutter. Diese mystische Wahrheit wird in der Heiligen Dreifaltigkeit ausgedrückt und durch das Dreieck symbolisiert. Das Endziel des menschlichen Lebens ist die Wiedervereinigung mit der Heiligen Familie oder die gesegnete Dreieinigkeit von

Vater, Mutter und Kind. Mit anderen Worten, der aus dem Herzen des Schöpfers ausgeatmete Lebensfunke reist weit, um sich auf der Erde zu inkarnieren. Dort erwirbt er Weisheit und Verständnis und kehrt schließlich mit vollem Bewusstsein seiner selbst als Teil Gottes zurück.

Das Universum wurde vollkommen erschaffen. Die Gesetze, die das Leben der Mineralien, Pflanzen, Tiere und Menschen regieren, sind genau und vollkommen, und alle stehen miteinander in Beziehung. Es gibt keine Trennung zwischen ihnen. Es kann so etwas wie Isolation in keinem menschlichen Leben geben. *Wie oben, so unten;* die Gesetze, die sich auf das geistige Leben beziehen, durchdringen das physische Leben und ihr tragt in eurem höheren Bewusstsein eine tiefe Weisheit, die aus diesen Gesetzen geboren wurde, die Frucht vergangenen Säens und Erntens. Die Schwierigkeit liegt in der Tatsache, dass die Menschen im Allgemeinen erst noch die Kraft gewinnen müssen, die göttlichen Gesetze, die alles Leben regieren, in das physische Bewusstsein zu bringen (wie Jesus es tat). Viele fragen: „Warum müssen wir zurückkommen, nachdem wir einmal die Herrlichkeit der himmlischen Welt gekostet haben? Müssen wir unsere Reinheit durch die Wiedergeburt besudeln?“ Wir antworten, dass das so ist, weil ihr – in eurem größeren Selbst im Himmel – etwas vom Zweck des Lebens gelernt habt, und jetzt wisst, dass das menschliche Wesen, das nach dem Bilde Gottes geformt ist, lernen muss, das göttliche Bewusstsein in die äußere Manifestation zu bringen. Ebenso wie Vater-Mutter-Gott, die Blumen und Bäume, die Sterne, die Erde, das Sonnensystem und die menschliche Seele zur

Manifestation brachte, so muss auch Gottes Schöpfung, Mann und Frau, diese Seele hegen und nähren. Ihr seid jetzt wie Kinder, aber ihr seid auch im Entstehen begriffene Götter!

Es ist von größter Wichtigkeit, dass ein jeder die unsterbliche Wahrheit des Lichtes erkennt. Der Stern ist es, der jedem Menschen auf der Reise heimwärts, zum Himmel, leuchtet. Niemand kann sich auf einen anderen Menschen verlassen, dass dieser ihn vor den Folgen von Eigensinn und Zügellosigkeit bewahrt. Das bedeutet, dass der wahre Weg des Menschen, Weisheit zu erlangen, nicht nur durch das Studium der Geschichte, Wissenschaft und Religion außerhalb seiner selbst führt, sondern durch das Studium des menschlichen Wesens, des eigenen Lebens, der eigenen Erfahrungen, der eigenen Reaktionen auf alles, was ihm im täglichen Leben geschieht. Wie wir gesagt haben, die Alten lehrten, dass der Mensch Geist ist, hier auf der Erde in einem physischen Körper, um das Bewusstsein seiner eigenen wahren Natur zu entfalten, um Bewusstsein Gottes zu entwickeln. So mag der Mensch aus seinem eigenen Sein heraus diese Verbindung fühlen und auf sie reagieren. Der Mikrokosmos kann die Beziehung mit dem Makrokosmos, dem Unendlichen und Ewigen, erkennen.

Wir begreifen den Makrokosmos als den Schöpfer, wie er jederzeit über jede einzelne Seiner/Ihrer Kreaturen auf der Erde wacht, jederzeit wacht über alle Kreaturen in jedem Reich auf der Erde: dem mineralischen, pflanzlichen, tierischen, menschlichen und göttlichen.

8

DAS GESETZ DES GLEICHGEWICHTS

Für Harmonie wirken

DAS GESETZ des Gleichgewichts ist das Gesetz der vollkommenen Ausgewogenheit und höchsten Gerechtigkeit im menschlichen Leben: das Ausgleichen aller scheinbaren Ungerechtigkeit und allen Leids durch entsprechendes Glück. Es muss immer eine Freude kommen, die jeglichem Maß richtig erduldeten Leides entspricht. Wenn ihr vom Gesetz des Karmas aufgerufen werdet, Schmerz und Leid zu erdulden, denkt daran, dass es noch ein anderes Gesetz gibt, das der Entschädigung oder des Gleichgewichts, und dass dies eine Schulung ist, die euch darauf vorbereitet, als Entschädigung ein reicheres Glück zu erkennen und euch daran zu erfreuen, ein Glück, dass ihr nicht ohne das Meistern der niederen Natur gewinnen könnt.

Ihr könnt die Tore des Himmels nicht mit Gewalt öffnen. Es gibt einen geregelten Weg, auf dem jede Seele wandern muss. Aber obwohl ihr vielleicht durch unerfreuliche Bedingungen gehen müsst, ist doch das Gesetz des Ausgleichs, der Entschädigung ständig am Werke, denn Gott nimmt niemals etwas weg ohne etwas dafür zu geben. Die Menschen sollten sich bemühen, dieses Gesetz zu erkennen, welches ständig wirkt, um ihnen in ihrem täglichen Leben zu helfen.

Stellt euch das Gesetz des Gleichgewichts folgendermaßen vor: auf der einen Seite des Pendels Süße; auf der anderen Bitterkeit; auf der einen Schmerz; auf der anderen Freude. Ständig schwingt es rhythmisch hin und her. Und sobald die Menschen dies erkennen, können sie dem Schicksal in aller Seelenruhe begegnen: niemals etwas bedauernd, und immer bereit, aus der Erfahrung zu lernen.

Im Anfang ist das Kind, das Kleinkind, ohne Wissen um das göttliche Gesetz, ohne Erfahrung. Genauso wie ein Kind lernen muss zu sitzen, Nahrung zu sich zu nehmen, zu stehen, zu laufen und zu spielen und dann, sein Gehirn zu entwickeln und bestimmte Tatsachen über das Leben zu lernen, so wächst durch einen vergleichbaren Prozess der Geist vom Kleinkind zum geistigen Erwachsensein. Dieses Kleinkind hat zu Beginn, obwohl es unschuldig ist, die beiden dualen Aspekte in sich, die gut und schlecht genannt werden; es drückt sowohl das aus, was „gut“ und das, was „böse“ genannt wird und erschafft eine „Buchführung“ in den Himmeln. Alle Seelen sammeln sowohl Schulden als auch Guthaben an. Der Sinn des Lebens ist es, Ausgleich zu lernen, Gleichgewicht; und, wie wir bereits festgestellt haben, die Auswirkungen der Gesetze Gottes vermitteln der Menschheit Erfahrungen, die sie befähigen, sich aller Gaben der Gottesnatur zu erfreuen. Denkt darüber nach und werdet euch darüber klar, wie viel besser es ist, dem Pfad der Selbstdisziplin zu folgen und zu Gott empor zu streben. Erlaubt nicht den Kräften der Selbstzerstörung weiterhin euer besseres Selbst zu unterdrücken. Der Sohn/die Tochter Gottes im Inneren, erschafft und bringt Gutes hervor – und dann kommt Kain und löscht es aus und setzt einen Posten auf die Seite der Verbindlichkeiten der Bilanz.

Ein Eingeweihter ist einer, der vollkommene Ausgeglichenheit erlangt und diese beiden Extreme in Einklang gebracht hat, diese beiden Gegensätze im Leben. Das ist der Grund dafür, dass der sechseckige Stern, aus zwei vollkommen ausgeglichenen Dreiecken zusammengesetzt, das vollkommene Wesen bezeichnet, die Seele, die das Licht gefunden und ein hohes Maß an Gleichgewicht erlangt hat.

Solange der Geist im Inneren das Gesetz Gottes nicht verstanden hat und dieses Gesetz in die Tat umsetzt, ist das ganze Wesen unausgeglichen; es fehlen dem Menschen die innere Ruhe und der Seelenfrieden. Er ist Sklave emotionaler und mentaler Konflikte und hat keinerlei Selbstdisziplin erlangt. Was meint ihr, wie die Adepten, die Eingeweihten lange, lange nach der zu erwartenden Lebensspanne einen physischen Körper bewahren? Wie bewahren sie ihr jugendliches Aussehen? Wie können sie die Macht ausüben, die ihre vollkommene Kontrolle über die physischen Atome deutlich macht? Nur weil sie die Meisterschaft erreichten, indem sie durch viele Inkarnationen hindurch das göttliche Gesetz des Lebens verwirklichten. Sie sind in der Lage, die Materie auf allen Ebenen zu manipulieren und über sie zu bestimmen. Wenn eine Seele geistige Wissenschaft versteht (die den Naturwissenschaften vollkommen überlegen ist), dann ist sie in der Lage, das zu vollbringen, was der Unwissende ein Wunder nennt.

Ihr werdet euch fragen, was das alles mit euch persönlich zu tun hat und sagt möglicherweise: „Aber wir sind weit entfernt davon, Adepten zu sein, sehr weit entfernt davon, das göttliche Gesetz zu verstehen, das die Materie regiert". Ja, aber der Grund dafür, warum wir euch diese Dinge sagen, ist, euren Verstand für die unendlichen Möglichkeiten und die unendliche Kraft in euch zu öffnen. Der Gott in euch wird nur durch eure eigene Anstrengung zu voller Leistungsfähigkeit entwickelt und zum Ausdruck gebracht werden.

Das Gesetz des Gleichgewichts wirkt auf allen Ebenen des Lebens, von der niedrigsten zur höchsten. Es regiert alle Schöpfung und jeden Aspekt der menschlichen Natur. Solange ihr nicht in eurem eigenen Leben Gleichgewicht halten könnt, werdet ihr dazu neigen, von einem Extrem ins andere zu fallen. Schließlich aber werdet ihr durch langsames und schmerzliches Lernen auf der Erdebene vollkommene Beherrschung erlangen. Jesus demonstrierte diese Wahrheit bei vielen Gelegenheiten. Wie wir vorhin gesagt haben, war das Bemerkenswerteste vielleicht, wie er den Wellen befahl, still zu sein; alle Emotionen eures eigenen geplagten Selbst werden gleichermaßen ruhig werden, wenn der Meister von eurem Herzen Besitz ergreift.

Einige unter euch sind betrübt, weil sie die physische Gegenwart eines innig geliebten Verwandten oder Freundes verloren haben, und ihr habt das Gefühl, wenig Grund zu haben, Gott dankbar zu sein. Euch besonders möchten wir mit den Worten eures Dichters sagen: „Gott bewegt sich auf geheimnisvollen Pfaden um seine Wunder zu vollbringen".*[22] Ebenso nimmt Gott niemals etwas weg, ohne etwas zu geben. Wenn ihr die Gesellschaft eines Menschen verloren habt, der euch lieb und teuer war, erinnert euch daran, dass Gott in euch das Saatkorn des Lebensbaumes gelegt hat. Der Baum ist in eurem Inneren und ist das größte Geschenk, welches Gott in Seinem/Ihrem ewigen Garten des Lebens gepflanzt hat. Was ist dieser Baum des Lebens? Der euch eingepflanzte Baum des Lebens ist die Kraft, die geistige Essenz, durch die ihr als individuelle Seele zu den himmlischen Welten erweckt werden könnt, dem unermesslichen ätherischen Königreich um euch herum. Wenn dieser Baum des Lebens sich in euch entwickelt, seid ihr nicht länger getrennt von denen, die ihr liebt, die den physischen Körper verlassen haben. Ihr seid nur von ihnen getrennt durch Unwissenheit und mangelnde Entfaltung der Kräfte, oder der Früchte des Baums des Lebens.

Andere an uns gestellte Fragen sind folgende: „Was ist mit denen, die verhungern? Was wird geschehen, wenn der Planet übervölkert ist? Wie werden wir alle leben?" Wir antworten, dass euer himmlischer Vater, eure himmlische Mutter die Bedürfnisse aller Menschen kennt. Eines ist vollkommen sicher. Das Gesetz des Ausgleichs muss alle Probleme wieder in Ordnung bringen. Die Menschheit muss ihr Bestes tun. Dann kümmert sich Gott um den Rest. Das Gesetz, das kosmische Gesetz, welches das einzige Gesetz ist, wird die Macht übernehmen und euch führen und euch zur rechten Zeit vollkommenes Gleichgewicht im Leben auf diesem Planeten bringen.

Viele noch bestehende Übel auf eurer Erde werden abgeschwächt, sobald es zwischen Mann und Frau wahre Partnerschaft und gegenseitigen Respekt geben wird. Es muss Gleichheit herrschen, geistige und mentale Gleichheit. Wir sehen überall Anzeichen dafür, dass das Licht in größerem Maße zur Menschheit kommt. Wir sehen das in der Belebung des Mutteraspektes, oder des weiblichen Aspektes des Lebens. Die Frauen haben diese Einsicht, und beginnen ihren gebührenden Platz einzunehmen, um ein vollkommeneres Gleichgewicht in die Welt zu bringen. Denn es kommt eine Zeit, wo die Seele das Gesetz des Ausgleichs lernen und verstehen muss. Solange Mann und Frau nicht in vollkommener Partnerschaft leben, in der jeder seine Rolle in der Entwicklung der Menschheit übernimmt, kann es keinen wirklichen Fortschritt geben. Mit dem Aufstreben des weiblichen Aspektes und dem Gleichgewicht des Lebens wird es auf eurer Erde großen Fortschritt geben.

Wenn das Gesetz der Bruderschaft und Liebe gebrochen wird, muss das Pendel immer zur Gegenseite schwingen. Wenn ihr Unterdrückung seht, so geschieht das nur vorübergehend. Das Pendel muss zurück schwingen und den Unterdrücker treffen. So ist das Gesetz. Es gibt Zeiten, da erlebt ihr sehr deutlich den Schwung, den Gegenschwung, des Pendels. Aber die Kräfte der Zerstörung oder des Bösen haben ihre Rolle in der geistigen Entwicklung der Menschheit zu spielen. Sie halten sozusagen das Gleichgewicht. Dann, wenn die Waage auf der einen oder anderen Seite überlastet ist, gibt es Schwierigkeiten. Niemand kann seinen Bruder oder seine Schwester verletzen und eben diesem Schmerz entgehen, den er ihm oder ihr zugefügt hat. Denn wenn ein Mann, eine Frau, eine Nation oder eine Rasse Leiden verursacht, fällt das Leiden in genau diesem Maße auf sie zurück. Dieses Gesetz des Ausgleichs, des Gleichgewichts, ist ein genaues und vollkommenes kosmisches Gesetz. Das heißt nicht, dass ihr oder eine andere Person in der Lage seid, die Handlungen eines Dritten zu beurteilen, aber wir wissen, dass das Gesetz zwangsläufig wirkt. Alles, was von euch gefordert wird, sind Vertrauen und eine liebevolle Haltung. Daher ist eure besondere Arbeit im Leben, genau wie unsere, Liebe auszuströmen, die Trauernden und Unglücklichen zu trösten, zu ermutigen und zu inspirieren.

9

ÜBER ALLEM: DAS GESETZ DER LIEBE

Das Geheimnis der Freiheit von der Wiedergeburt

DAS WICHTIGSTE, was ihr immer im Gedächtnis behalten müsst, ist, dass das höchste Gesetz der Liebe über alles und durch alles regiert. Es gibt *immer*, könntet ihr sie nur sehen, diese liebende Fürsorge und Achtsamkeit, die das Schiff führt und ihm in den Hafen hilft. Alles ist gut. Das was vor euch liegt, ist im Endeffekt zu eurem Besten, denn, obwohl ihr Umstände geschaffen habt, die Leiden bedeuten können oder Freude, ist das Endziel die Vollkommenheit und Einheit mit dem Geliebten.

Sorgt euch nicht um äußere Ereignisse in diesem Leben, sondern beschäftigt euch damit, aus eurem Innersten Schwingungen der Liebe und Schönheit auszusenden, um die Zukunft zu erschaffen. Das Heute ist nur insofern wichtig, als eure Reaktion auf seine Ereignisse Wachstum und Harmonie für die Zukunft erschaffen.

Ihr könnt auf sehr einfache Art und Weise Liebe geben; durch ein sanftes Wort oder ein Lächeln, die freundliche Berührung, den Trost, der jedem, dem ihr auf dieser Lebensreise begegnet, angeboten werden kann – denn jedes menschliche Wesen braucht Liebe. Ist es nicht ein wunderbares Gesetz Gottes und eine wunderbare Vorkehrung, dass Gott jedes Seiner/Ihrer Kinder mit der Gelegenheit und den Mitteln versieht, den Gefährten auf dem Lebensweg die göttliche Qualität der Liebe zu schenken.

Das Leiden eurer Gefährten geht euch daher ganz persönlich an. *Bin ich denn meines Bruders Hüter*? *[23] „Ja, tatsächlich!" So lehrte der Gesalbte, als er durch einen Mann sprach, der physisch und spirituell vollkommen gemacht worden war. Ihr seid in der Tat der Hüter eures Bruders, der Hüter eurer Schwester; daher ist es jedermanns Pflicht, auf alle, die Schmerz leiden, einzugehen und mit ihnen zu fühlen. Zugegeben, es ist oft nicht leicht und auch nicht immer möglich, die materiellen Umstände auf der physischen Ebene vollständig zu verändern. In der Welt der Gedanken und Gefühle jedoch könnt ihr euren Teil beitragen, euren Gefährten hin zum Lichte zu helfen, hin zu Verständnis des alles beherrschenden göttlichen Gesetzes, das alles Leben regiert.

Wenn eine Seele Liebe ausdrücken kann, ihre Lektion durch Liebe lernt, öffnet sie sich ganz sicherlich und wächst zu Gott hin. Aber Karma wird eigentlich durch Unwissenheit geschaffen.

In der heutigen Welt wird jede Anstrengung unternommen (obwohl es verborgen ist), zum Gesetz der Bruderschaft zurückzukehren. Die Liebe durchdringt allmählich alles. Der Wille, das Schwert in die Scheide zu stecken besteht; die Wunde wird geheilt; das Königreich der Liebe wird wieder errichtet.

Keiner von uns kann dem Gesetz entrinnen. Wir, ihr, die ihr inkarniert seid, wir alle tragen in gewissem Maße Verantwortung für unseren Bruder und unsere Schwester – ein sehr ernster Gedanke; denn unsere Reaktion auf das Gute hilft unserem Gefährten, auf das Gute zu reagieren. Unser Mangel an Reaktion, unsere Faulheit und unsere

Gleichgültigkeit spirituellen Dingen gegenüber, hat die Welt im Stich gelassen. Der Meister sagte: „*Und ich, wenn ich erhöht werde von der Erde, so will ich alle zu mir ziehen*".*[24] Das bedeutet, dass jeder Einzelne in gewissem Maße für das Leiden, die Dunkelheit und das Verbrechen in der Welt verantwortlich ist. Ihr mögt das vielleicht nicht, aber es ist so.

*Ihr könnt nicht Gott dienen und dem Mammon.**[25] Das ist so wahr, so wahr. Das, meine Geliebten, ist es, was wir zu vermitteln versuchen. Sobald einmal die inkarnierte Seele den wahren Weg erblickt hat, hat diese Seele eine schwere Verantwortung gegenüber der übrigen Menschheit. Wir können garnicht ernst und nachdrücklich genug über dieses Thema sprechen. Wir predigen euch nicht, geliebte Brüder. Wir sprechen nur über Dinge, die wir gesehen haben, die wir geprüft haben; und das Ausstrahlen des Lichtes in eurem eigenen Leben und die Einrichtung von Lichtzentren sind von größter Wichtigkeit für die übrige Menschheit. Es ist derzeit *die* wichtigste Arbeit in der Welt. Ihr und wir tragen eine große Verantwortung – und doch, welch ein Privileg, was für eine Gelegenheit haben wir uns verdient, dass wir so für das Licht arbeiten können, damit alle Wesen durch die Wahrheit der einfachen geistigen Offenbarungen des Christus erleuchtet werden können!

Je mehr dieses Thema studiert und verstanden wird, umso stärker wächst die Überzeugung, dass der *einzige* Weg – der Schlüssel zu *allem* Handeln auf der Erde – Liebe ist, Freundlichkeit und Sanftmut. Wir wissen, wie richtig es zu sein scheint, den Schuldigen zu bestrafen, aber die Strafe gilt nicht dem Fleisch. Die wirkliche Strafe, oder sollen wir die Lektion sagen, gilt der Seele.

Sie wird im Laufe der Zeit die Seele treffen, durch das kosmische Gesetz, das Gesetz Gottes. Daher muss die Lebensweise von Zurückhaltung geprägt sein, von Freundlichkeit und von Vertrauen auf die Liebe und Gerechtigkeit Gottes. *Ich will vergelten, spricht der Herr.* *[26] Das Gesetz Gottes ist vollkommen gerecht, und wenn jemand unter Ungerechtigkeit zu leiden scheint, dann geschieht das, weil diese Seele dergleichen selbst einmal jemandem zugefügt hat. Seine eigene Tat ist es, die ihn einholt.

Nur durch unaufhörliches Leiden, und durch Misserfolge, erkennt die Seele zu guter Letzt die eine entscheidende Wahrheit, die darin besteht, durch das Gesetz der Liebe zu leben. Ihr habt euch alle auf den geistigen Weg gemacht. Das bedeutet, dass ihr das Gesetz der Liebe kennt; ihr wisst, dass es gerecht, vollkommen und wahr ist. Ihr wisst, dass ihr es in die Tat umsetzen müsst, trotz der menschlichen Schwäche, dem Sog des Bösen, dem niederen Selbst, dem Selbst, das aus dem Staub der Erde erschaffen wurde. Jeder, der auf der physischen Ebene lebt, muss diesen Einfluss aushalten. Darum müsst ihr geduldig und verständnisvoll mit eurem Bruder oder eurer Schwester sein. Denkt oder sagt nicht: „Das geschah aufgrund des Karmas dieses Menschen; daher muss er leiden“. Es ist wahr, dass ein Mensch aufgrund seines Karmas in schlechte Lebensumstände gebracht wird, ihm das zu sagen, hilft ihm aber nicht. Stattdessen solltet ihr als sein Bruder oder seine Schwester ihm mit Mitgefühl, Verständnis und liebevoller Hilfe begegnen. Gott tut das für euch, denkt daran. Das ist es, was auch die Boten aus der himmlischen Welt für euch tun. Sie versammeln sich um euch herum, bringen euch Liebe und tun alles, was zu tun ihnen erlaubt ist, um euch zu helfen.

Die Liebe zur Natur

Der geistige Weg besteht darin, zu dienen, Leiden zu erleichtern, jüngeren Brüdern zu Harmonie und Glück zu verhelfen, zu Christus, dem endgültigen Ziel einer jeden Seele! Der Weg ist sehr schwer zu finden; und wenn er gefunden wurde, ist es sehr schwer, ihn standhaft zu gehen, da so vieles den Blick trübt. Die einzige Art und Weise, Halt zu fassen und voranzuschreiten besteht nicht darin, diesen oder jenen Pfad zu wählen, sondern die innere Kammer aufzusuchen: indem man mit all seiner Kraft zur Weisheit Gottes betet. Wenn das Licht kommt, wird es nicht nur das Licht des Intellekts sein, sondern ein Licht, das die Seele drängt, alle zu lieben.

Verstrickt in die Verwicklungen von Verstand und Körper – wie soll man das innere Licht finden? Wie könnt ihr sicher sein, dass ihr das Licht gefunden habt? Eine Sache ist wesentlich: die Reinheit des Lebens. Und hier müssen wir viele Probleme lösen. Was verstehen wir unter der Reinheit des Lebens. Askese? Ein Meiden jeder Berührung mit dem Weltlichen? Nein, das nicht. Ihr habt die nächste Spirale auf dem Weg der Evolution erreicht, und der Suchende von heute befasst sich nicht mit mönchischem oder asketischem Leben der alten Zeit. Er oder sie ist aufgerufen, unter die Menschen zu gehen: sich unter sie zu mischen und in den Geist derer, denen er begegnet, das Licht der Ewigkeit zu bringen. Eben dieses

Licht muss im Suchenden hell leuchten, so dass sein Einfluss den Menschen Heilung bringen möge.

Reinheit der Körper, die der Geist benutzt, ist eine der Voraussetzungen, wenn ihr der Menschheit helfen wollt. Wir raten nicht zu drastischen Veränderungen in euren Gewohnheiten, aber denkt darüber nach, nicht nur über die menschliche Bruderschaft sondern auch über die Bruderschaft mit dem Tierreich! Wenn ihr die Kreaturen liebt, denen Gott das Leben gegeben hat, ist es unmöglich, grausam zu sein, sie willkürlich zu töten, ja ihr Blut zu vergießen, außer in Fällen reiner Notwendigkeit. Dann dienen sie *euch* auf die einzige Weise, mit der sie euch dienen können, indem sie ihr Leben selbst aufgeben. Aber mit so vieler gesunder und reiner Nahrung als Alternative – ist es da nötig, euren Tierbruder oder eure Tierschwester zu essen?

Eine Form des Dienens ist es, das Licht der Liebe zum Tierreich hinzustrahlen: nicht aggressiv, sondern sanft; durch Denken und Beispiel. Es ist nicht genug zu sagen: „Ich kann es nicht ertragen, Zeuge von Grausamkeit zu sein!" Ihr müsst euch aus innerem Drang heraus daran machen, auf einfache Art und Weise euren Teil beizutragen, und Harmonie und Liebe beizusteuern. Weigert euch, selbstgefällig die Gewohnheiten und Sitten zu akzeptieren, mit welchen die Menschen die Schwachen und Hilflosen ausbeuten.

Indem ihr allen Reichen der Schöpfung dient – dem mineralischen, pflanzlichen, tierischen, menschlichen, ätherischen und dem Reich der Engel – dient ihr in der Tat einander. Und wenn ihr euch gegenseitig dient, kommt der Dienst auf die eine oder andere Art und Weise auf euch zurück. Das ist das göttliche Gesetz. Ihr könnt Anderen nichts Gutes tun, ohne euch dadurch selbst Gutes zu tun; aber der Beweggrund hinter diesem Dienst ist überaus wichtig. Ihr dient nicht eurem Bruder oder eurer Schwester in der Absicht, etwas für euch selbst zurück zu bekommen: Ihr dient der Schöpfung und der Menschheit, weil in eurem Herzen Zärtlichkeit ist, Mitleid, und Liebe zu allem Leben.

Der Wunsch zu lieben und geliebt zu werden

Wir gehen nun weiter zum nächsten Schritt, symbolisiert durch das flammende Herz der Liebe, das Herz, das entflammt ist von der Liebe Christi. Auf diesem Weg der Liebe gibt es immer noch viele Fallstricke und Selbsttäuschungen. Wir beginnen mit dem großen Wunsch zu lieben, alle zu lieben ... und vielleicht mit dem geheimen Wunsch, ebenfalls geliebt zu werden, der so natürlich und menschlich ist! Ihr Lieben, wenn ihr selbst diese Lektion der Liebe lernt, werdet ihr fraglos auch geliebt werden, weil das Wachsen dieses flammenden Herzens in eurer Brust euch all die Liebe geben wird, die ihr überhaupt nur aufnehmen könnt. Ihr müsst gar nicht *wollen*, geliebt zu werden. Dass ihr liebt, ist alles was nötig ist. Und sobald das vom Schüler erkannt wird, kommt Frieden. Ihr fragt vielleicht, ob ihr euch nicht bemühen solltet, Liebe zu lenken? Manche Menschen verlieben sich oftmals, schnell vergeht ihre Liebe wieder, und jedes Mal glauben sie, sie hätten die ihnen verwandte Seele getroffen. Das ist wahr. Aber so lernen sie ihr Pensum in der Schule; sie lernen durch diese Erfahrungen. Ja, es ist notwendig, das emotionale Selbst in den Griff zu bekommen; und das häufige sich Ver- und Entlieben ist ein Mittel, diese Beherrschung zu lehren. Sogar wenn jemand dabei verletzt wird, muss die Seele doch durch bestimmte Phasen der Erfahrungen gehen. Nur durch Fehler kann die Seele lernen. Durch Schmerz und Leid wächst diese Seele, und Wachstumsschmerzen sind wahrhaftig qualvoll.

Bedenkt, dass sich alle Eigenschaften der Seele entsprechend dem Grad ihrer Entwicklung im physischen Menschen manifestieren. In der jüngeren Seele zum Beispiel kann sich die Qualität der Liebe durch heftige oder kindische Leidenschaften manifestieren, unbeherrscht und undiszipliniert, aber es ist immer noch dieselbe Tugend, die Liebe. Wir haben euch so oft gesagt, dass Liebe die Eigenschaft ist, die zu entwickeln am notwendigsten ist. Die Liebe muss immer noch diszipliniert werden; sie muss geschult werden; sie muss auf den höchsten Grad des Strebens ausgerichtet werden. Wenn sie sich auf der untersten Ebene manifestiert, kann sie Schmerz und Leid verursachen, Schmerz im physischen Körper, Schmerz im Emotionalkörper, Schmerz im ganzen Wesen. Aber mit langsamen Schritten, durch eben diese Erfahrung, gewinnt ihr das Verständnis dafür, wie weise es ist, diese Emotion auf richtige Weise anzuwenden.

Zu Beginn wird die Lektion durch Besonnenheit, Unterscheidungsvermögen, vor allem aber durch Toleranz gelernt. Ihr habt eine Redensart: „Leben und leben lassen“. Wendet diese einfache Redensart auf alle Bereiche des Lebens an, auf die Männer und Frauen, ihre

Fehler, Schwächen und Eigenheiten. Wenn ihr der Menschheit gegenüber tolerant sein könnt, gegenüber dem Einzelnen, geht ihr einen großen Schritt voran auf dem Weg der Disziplin und der Entfaltung. Indem ihr die einfache und grundlegende Eigenschaft der Toleranz und Freundlichkeit in die Tat umsetzt, werdet ihr feststellen, dass euer Herz vor Liebe zu schwellen beginnt, ohne dass ihr euch dessen bewusst werdet.

Identifiziert euch mit dem Leben und mit jedem Anderen

Vielleicht versteht ihr nun besser, warum wir euch ständig drängen, nicht zu viel Zeit mit Lesen zu verbringen, sondern euch stattdessen mit dem Leben zu identifizieren, mit der Freude und den Kümmernissen der Menschheit. Wie könnt ihr in die Tiefen der menschlichen Erfahrung eintreten, wenn ihr nicht für einige Zeit eurer Erfahrung der Niedrigste unter den Menschen werdet? Irgendwann einmal müsst ihr die Reue des Verbrechers gefühlt haben; ihr müsst die Primitivität des Fleisches erfahren haben, die Begierde des Alkoholikers. Ihr müsst die äußerste Verzweiflung des Ausgestoßenen kennen und mit dem Verurteilten gelitten haben.

Nein, seid nicht zu anständig, solide und korrekt. Und macht euch nicht lustig, wenn wir das sagen! Wir sprechen über ernste Dinge. Meine Brüder und meine Schwestern, niemand der sich von Erniedrigung oder Leiden abwendet, kann sich schon mit dem Meister identifizieren. Wenn ihr die Heiligen Schriften mit offenen Augen studiert, wird euch diese Wahrheit ständig vor

Augen geführt. Sogar bei seinem so genannten Tod wurde Jesus zwischen Dieben gekreuzigt; und es waren die Frau am Brunnen, die Ehebrecherin, der Zöllner und der Sünder, mit denen er sich identifizierte.

Liebt, meine geliebten Brüder: Liebt so sehr es euch nur möglich ist, so dass ihr durch die Liebe den Kelch bis zur Neige leeren möget. Liebt, in dem Wissen, dass der Sohn in eurem Inneren euch zum Vater-Mutter-Gott erheben wird, von dem ihr kommt. In dem Wissen um das Leben und die Herrlichkeit, das euch dann zu Eigen ist, könnt ihr nicht einzeln für euch selbst und in euch versunken leben. Seid euch des zunehmenden Wachsens der göttlichen Weisheit bewusst, der Schönheit Gottes in euch. Betet, dass eure menschliche Erfahrung, wohin immer sie euch führt, Mitgefühl und Liebe bringen wird, bis der irdische Körper dem Selbst stirbt und zu Gott wieder aufersteht.

*

Die Erfahrung im Leben ist der größte Lehrer. Ihr neigt dazu, zu vergessen, dass schmerzhafte Erfahrungen euch lehren oder eure Augen für die Freude öffnen – nicht sofort, aber mit der Zeit. Der weise Mensch sieht, dass, wenn der Tod unerwartet eintritt und es in einer Familie scheinbar eine Tragödie durch einen Todesfall gibt, sich schließlich erweist, dass in diesem schmerzlichen Verlust eine weise Absicht war, und er vielleicht indirekt Teil eines Weges zu letztendlichem Glück für viele Menschen war. Trauert niemals um Seelen, die durch die Wandlung des Todes gehen, denn jenen, die in unsere Welt herüberkommen, wird mit Liebe, Weisheit und Verständnis begegnet. Wenn sie lernen wollen, wenn sie verstehen wollen, wird in großer Harmonie und in großer Glückseligkeit alle nur mögliche Hilfe gegeben.

Wie wesentlich ist es für jeden auf dem geistigen Weg zu lernen, unter die Oberfläche und in das Herz ihrer Gefährten zu blicken! Den Geist zu erkennen und zu versuchen, das Motiv hinter dem Tun eines anderen zu verstehen und nicht immer davon auszugehen, dass der Beweggrund unfreundlich oder herzlos ist. Wir sollten alle danach streben, mit menschlichem Mitgefühl und Liebe das Herz desjenigen zu sehen, der unser Feind zu sein scheint. Alle sollten danach streben, aus dem Herzen der Wahrheit heraus zu handeln – könnten wir uns immer daran erinnern, dass das Motiv gut *ist*, würde uns dies viel Schmerz und Leid ersparen!

So schreitet das Leben immer voran, wird immer noch herrlicher und schöner. Seid getröstet, ihr, die ihr noch die Erde beschreitet; ihr könnt wohl viel tun, eurem Bruder und eurer Schwester zu helfen, euch selbst zu helfen, indem ihr zu der einfachen Wahrheit zurückkehrt – der Liebe. Wir glauben, dass die einzige Sünde, die der Verletzung des Gesetzes der Liebe ist. Krieg, Krankheit, Gier – alle sind auf das Brechen dieses Gesetzes zurückzuführen, und die Menschen müssen durch Leiden lernen, auf die älteren Brüder zu hören, die von Zeit zu Zeit die einfache Wahrheit immer und immer wieder neu verkünden.

Wenn die Seelen der Männer und Frauen die Erde verlassen, unterziehen sie sich einer Periode der Reinigung; und gehen dann durch die Hallen des Lernens und der Weisheit. Danach treten sie in das ein, was wir manchmal die Große Armee des Lichtes nennen – die der Menschheit dient. Dort arbeiten sie, indem sie fast die gleiche Arbeit tun wie die Großen Wesenheiten, aber in sehr einfachem Maße. Das gleiche reine Licht scheint durch sie so lange, bis die Zeit kommt, da in ihrem Herzen die Liebe stark wird. Sie sagen: „ Ich muss zu meiner Schwester und zu meinem Bruder auf der Erde gehen. Ich muss zurückkehren und in dieser dunklen Welt leben, damit ich helfen kann“. Genau das habt ihr alle vorher getan und so seid ihr zurückgekehrt. Euer einziges Ziel ist zu lernen, wie ihr Gott besser lieben könnt; und zu lernen, wie ihr euren Bruder und eure Schwester auf der Erde lieben und ihnen dienen könnt. Verpasst niemals diese Gelegenheit, die ihr gewählt habt.

Das allererste, was ihr alle tun solltet, ist, Liebe gegenüber jemandem zu fühlen, der leidet – und nicht über ihn zu richten. Sogar der Materialist, der harte Geschäftsmann oder der vom Verstand geprägte Wissenschaftler suchen vielleicht nach einem unerklärlichen Geheimnis des Lebens. Dieses Geheimnis, so sagt euch eure Seele, ist die einfache Liebe Christi. Alle Seelen sind auf verschiedenen Entwicklungsstufen. Menschen, die hart und materialistisch erscheinen, die meinen, dass nur die materiellen Dinge des Lebens eine Bedeutung haben, sind in der ihnen eigenen Weise auf der Suche und mögen gerade kurz davor sein, etwas Lebenswichtiges zu lernen. Es ist also eure Pflicht als Schüler des Meisters solchen Menschen eher euer liebevolles Verständnis zu geben, als eure Kritik und Verurteilung. Jederzeit und ausnahmslos sollten nur Gedanken der Liebe und des Mitgefühls von euch zu diesen oder jedem anderen Menschen ausgehen. Es gibt viele Stolpersteine und Fallgruben auf dem Pfad, aber es gibt einen zuverlässigen, unfehlbaren Retter. Der Name dieses Retters der Menschheit ist einfach ... *Liebe*: nicht ein sentimentales schwaches Gefühl, sondern etwas Starkes und Konstruktives, bestehend aus Glauben, Gerechtigkeit und Weisheit, eine ausgewogene Ausrichtung des Denkens und Fühlens, die von eurem Herzen zu den Wesen ausgeht, die euer Leben begleiten.

Wie notwendig ist es zu unterscheiden zwischen der Liebe, die Weisheit ist, und der Gefühlsduselei, die Liebe zerrütten kann! Wie wichtig ist es, eine Liebe anzuerkennen, die nicht ihren eigenen Vorteil sucht, weit ihr Herz öffnet, nicht hart über diese Religionsgemeinschaft oder jene Sekte, diesen oder jenen Sünder denkt, die nicht verdammt, sondern akzeptiert, dass sich der große Plan Gottes auf allen Ebenen entwickelt! Wisset, dass sogar in so genanntem „Bösen" eine Absicht ist, denn das, was „Böse" genannt wird, wird unaufhörlich vom Allmächtigen benutzt, um durch Erfahrung und durch Leid zu lehren, durch das Kreuz hin zur Morgendämmerung, auf dass die Menschheit sehen möge, wie die Sonne über dem Neuen Zeitalter aufgeht. Was ist also euer Schutz gegen die negativen Einflüsse, welche die Erdenebene umgeben?

Ein reines Herz; reines liebendes Streben: aber nicht das der niederen Natur, die so sehr mit den Wünschen des Körperlichen vermischt ist, sondern vielmehr das Streben des Selbst, des wahren Selbst, des Sohnes, der Tochter Gottes. Der Christus im Inneren strebt danach zu dienen, und denkt mit keinem Gedanken an sich selbst. Er hat in der Tat keine Zeit, an seinen eigenen Fortschritt zu denken, an seine eigenen Einweihungen, an jenen großartigen Augenblick, in dem er endlich die große weiße Loge betritt. Nicht an diese Dinge denkt er, sondern wie er am besten dienen und diejenigen lieben kann, die Gott in sein Umfeld sendet. Dienst durch Liebe also.

Die Liebe beeinflusst sogar die Chemie des Körpers. Richtiges Denken, Gott-Gedanken, können die chemischen Prozesse umkehren, die zu Krankheit führen. Nicht viele Menschen sind bisher stark genug, an diesem von Liebe getragenen Denken festzuhalten oder an dieser Geisteshaltung, die auf wahre Liebe begründet ist; aber diejenigen, die es können, sind ganz sicher gerettet.

Das Erschaffen von Harmonie durch Vertrauen in Schönheit und Frieden

Viele Menschen auf der Erde behaupten, es sei nicht ratsam, nach Schönheit Ausschau zu halten und das Hässliche zu ignorieren; und manche denken vielleicht, dass wir zu viel Aufmerksamkeit auf die Schönheit des geistigen Lebens lenken und uns nicht ausreichend über das Leiden und die Hässlichkeit des menschlichen Lebens auslassen. Wir werden weiterhin unser Thema in so schönem

Licht darstellen wie wir es nur können, in dem Glauben, dass dies unseren Brüdern und Schwestern auf der Erde am besten hilft; auch in dem Glauben, dass der Strahl des Lichtes und der Schönheit an dem dunklen Ort, wie es die Erde es einer ist, der sicherste, geeignetste und beste Weg ist, um den menschlichen Verstand in Harmonie mit dem göttlichen Geist zu bringen. Was für einen Nutzen bringt es, in einem dunklen Raum zu stehen und über die Dunkelheit nachzudenken? Auf diese Weise wird kein Fortschritt gemacht; aber wenn eine angezündete Kerze oder Lampe in diesen Raum gebracht wird, erleuchtet und enthüllt sie alles. So halten wir an diesem Standpunkt fest und konzentrieren uns auf Vollkommenheit in einer Welt, die Vielen so voller Dunkelheit und Leid zu sein scheint. Aber die Menschheit muss ihre Augen öffnen für die herrliche Vision, ehe sie einen Schritt vorangehen kann auf dem Weg, der sie schließlich zu dieser Vollkommenheit führt.

Das Leben geht weiter und weiter, sich immer weiter entfaltend, sich immer weiter entwickelnd. Denkt niemals, dass das Leben ein Ende findet. Der Verfall, den ihr besonders im Herbst seht, ehe die Winterruhe einsetzt, ist wirklich wunderschön. Verfallende Dinge sind in Wirklichkeit schön, denn der Verfall schafft Platz für etwas Neues und noch Schöneres. Denkt daran, die Blätter fallen ab, weil das neue Leben sie abstößt. Der Verfall der Natur ist die Wiedergeburt der Natur, und mit dem Verfall aller physischen Dinge schafft Gott neues Leben. Um neue Dinge haben zu können, müsst ihr die alten beiseite räumen; das Alte muss sich zurückziehen oder allmählich in das Neue aufgenommen werden. Das gilt für die Menschen ebenso wie für die Natur. Wir hoffen, dass ihr euch immer bemüht, in dieser Richtung zu denken. Auch sogar wenn ihr geliebte Menschen verliert, denkt daran, dass sich ihre physische Form in etwas Neues aufgelöst hat, das kein unglücklicher Zustand, sondern ein neuer und herrlicher ist.

*Im Anfang war das Wort; und das Wort war bei Gott.**[27] Ehe die Welt entstand erschuf der *Gedanke* Gottes das, was erschaffen wurde. Der Gedanke des Friedens und guten Willens, den die Engel und Lehrer beständig zu der Erdebene hin senden, kommt so nachdrücklich, weil die Lehrer, die planetarischen Herren, bestrebt sind, das schöpferische „Wort" des Friedens und der Einheit erklingen zu lassen. Wir selbst sehen die Erde nur im Zustand des Friedens. Die Menschen leben gleichsam in einem dunklen Haus, völlig verdunkelt, und können nicht das Nächstliegende sehen – und schon gar nicht das in der Zukunft kommende. Schiebt die Verdunkelungen eurer Seele beiseite – das heißt, stimmt euch so in eurem täglichen Denken und Bestreben ein – dass die Fenster eurer Seele, die sieben Zentren eurer Seele, belebt werden mögen: so dass die Seele mit klarer, ungehinderter Schau vorwärts blicken kann und um sich herum den Prozess der Geburt, des Aufbaus, des Wachstums sieht.

Während des Verlaufes der zwölf Tierkreis-„Zeitalter“, durch welche die Menschheit auf ihrem Weg zur Vereinigung mit dem Vater-Mutter-Gott gehen muss, gibt es gewisse Perioden, in welchen den Seelen der Menschen die Gelegenheit angeboten wird, schnelle Fortschritte zu machen. Solche Perioden bringen immer zusätzlichen Schmerz, Beunruhigung und Leiden, aber wenn die Menschheit an der Göttlichen Liebe festhalten kann, dann wird sie auf dem Pfad der Evolution einen großen Schritt vorwärts machen. Das gegenwärtige Zeitalter, das ihr durchlebt, ist eine solche Zeit *[28] und es werden den Menschen, sogar den Kindern, Gelegenheiten gegeben, ungewöhnliche Opfer zu bringen.

Alle Akte des Heldentums von denen ihr hört, sind Ereignisse von allerhöchster Wichtigkeit für das betroffene Individuum auf seiner Reise voran. Sie sind aber auch für die gesamte Menschheit wichtig, da keine einzige Seele solche höchste Anstrengung erbringen kann, ohne dass die übrige Menschheit davon betroffen wäre. Wie gering auch immer die Wirkung sein mag, solch ein Ereignis trägt dazu bei, dass die Massenseele aufwärts gezogen wird. Denkt daran, wenn ihr von solchen Heldentaten lest. Es ist wahr, dass gewöhnliche Menschen zu Helden werden durch irgendeinen spontanen Drang, der die Oberhand über den niederen Verstand zu gewinnen scheint. Ihr werdet sagen, hätte der Mensch an die Gefahren seines Tuns gedacht, dann hätte er das nicht versucht, was ihm Schmerz oder vielleicht den Tod bringen könnte. Ihr müsst verstehen, dass es etwas Stärkeres als den niederen Verstand gibt. Nichts weniger als ein göttlicher Antrieb inspiriert die Seele und hilft ihr bei ihrem heldenhaften Tun. Solch ein Drang ist wie eine plötzliche Vereinigung mit Gott. Man könnte den betreffenden Menschen in diesem Augenblick fast als ein Kleinkind beschreiben, das voll Vertrauen in eine Stärke jenseits der eigenen Kraft ist, während er voranschreitet, um einen gottähnlichen Akt der Tapferkeit und des Opfers zu vollbringen. Es ist wahr, das „Kind" fällt wieder zurück in sein sterbliches Selbst, aber trotzdem hat eben diese Tat die Seele befähigt, einen steilen und schnellen Fortschritt in ihrer Evolution zu tun.

Ihr steht an der Schwelle eines neuen Zeitalters sowohl der Bruderschaft als auch des Geistes: dem neuen Zeitalter des Wassermannes, mit seinem enormen Potenzial für Zerstörung ebenso wie für Fortschritt. In dieser Zeit ist es notwendig, dass alle Menschen, welche die Macht des Lichtes verstehen, die Engel des Lichtes anrufen, und ihre Loyalität und Treue allem erweisen, was gut und Gott ähnlich ist, so dass das weiße Licht das Gleichgewicht erhalten und die Menschheit in das goldene Zeitalter bringen kann, das darauf wartet, sich auf der Erde manifestieren zu können.

Die Menschheit hält in ihrem Herzen das Gleichgewicht. Es ist von wesentlicher Bedeutung, dass dieses Gleichgewicht zwischen dem Negativen und dem Positiven erhalten bleibt. Negative Gedanken können die Waage zu sehr auf die dunkle Seite herab ziehen. Positive gute Gedanken sind gefordert, um das Gleichgewicht so zu erhalten wie es in eurer Welt gehalten werden sollte. Unsichtbare Wesen werden zur Menschheit hingezogen, um der Evolution voran zu helfen, und sie entnehmen ihren Grundton von der Menschheit selbst.

Gleichgewicht ist das Gesetz. Der abwärts ziehende Einfluss der Erde und der Dunkelheit sind stark, aber das Licht kann immer triumphieren. Der „negative Einfluss" ist allerdings notwendig. Ihr sagt: „Wie steht es mit all dem Bösen in der Welt?" und wir antworten: „Glaubt ihr auch nur für einen Augenblick, dass euer Schöpfer nicht weiß, was auf der Erde geschieht? Oder dass die Große Weiße Bruderschaft und die Engel gleichgültig sind?" Das Negative kommt, um das Positive auszugleichen und ohne die negative Kraft oder diese beiden großen gegensätzlichen Kräfte, die im Leben am Werke sind, herrschte Stagnation. Die Menschen sind jedoch mit bestimmten Geisteskräften ausgestattet worden, die von größter Wichtigkeit sind oder es sein sollten. Der reine Geist des Sohnes Gottes, des Christus, muss das Gleichgewicht im Leben halten, indem er durch den Verstand und die Seele des Menschen wirkt. Wenn diese okkulten Gesetze verstanden werden, dann entsteht Harmonie, ein Ausgleich, und ein Geben und Nehmen.

Geben und Nehmen, das ist der Punkt. Gott weiß, wann Er/Sie Seinen/Ihren Kindern geben soll, und wann es weise ist, nicht zu geben. Könntet ihr nur dieses innere Wissen pflegen, diese Gewissheit, dass Gott das All-Gute ist! Könntet ihr nur lernen, auf die Stimme in eurem Herzen zu hören, die euch versichert, dass Gott all-weise ist, und dass die göttlichen Gesetze da sind für die

Rettung, die Erleuchtung, die Herrlichkeit der Menschheit! Wir wirken mit euch auf den Tag hin, an dem Schönheit in allen Aspekten des Lebens sein wird, sich in jedem physischen Körper manifestieren wird, in dem Leben eines jeden Zuhauses, im Gemeinschaftsleben aller Menschen, im Dienst aller Menschen füreinander. Mit anderen Worten, wir arbeiten für das Kommen eines neuen Zeitalters der Bruderschaft – einer Gemeinschaft aller Seelen, die schön sein wird in ihrer Harmonie und die alles Leid besiegen oder in sich aufnehmen wird. Seht, die menschliche Seele ist wie ein großes brennendes Feuer, wenn ihr wahrhaft die inneren Dinge des Lebens erblikken könntet. Und der Mensch nimmt auf, er leidet, aber er zerstört auch das, was abgeschlossen ist. Es wird in seiner Seele umgewandelt.

*

Abschließend möchten wir, dass ihr euch das Leben immer als eine Reise denkt. Sie führt weiter und weiter den Berg des Bestrebens hinauf, solange, bis der Gipfel erreicht ist. Auf dem Gipfel scheint das himmlische Licht, durch das die Seele Gott erkennt, und von ihm entflammt wird. Von nun an wird diese Seele von Trauer oder Trennung unberührt sein und in ihrem Wesen die vollkommene und höchste Herrschaft über alles Unharmonische der Ebenen der Dunkelheit besitzen. Brüder und Schwestern der Erdebene, solch eine herrliche Gelegenheit breitet sich vor jedem von euch aus! Die Belanglosigkeiten eines jeden Tages, die Enttäuschungen, die kleinlichen Ärgernisse und die Verletzungen, die ihr euch gestattet vom täglichen Leben zu empfangen, sie alle sind sehr klein; aber ihr selbst erlaubt ihnen, sehr groß zu werden. Nehmt davon Abstand, gebt sie auf. Konzentriert euer ganzes Sein auf die Liebe zu Gott. Seid ein Kind Gottes! Übergebt euren Eigenwillen dem göttlichen Willen. „Mein Vater-Mutter-Gott, der Du im Himmel bist, O, *gesegnet* sei Dein Name! Du bist die eine wahre Herrlichkeit. Dein Wille geschehe in jeder Seele". Alles ist eine Frage der Unterwerfung und des Aufgebens des Selbst – des Annehmens des Lebens in Standfestigkeit und Ruhe. Das bedeutet keinen Stillstand, sondern eine anhaltende und beständige Anstrengung, das Christuslicht von all euren Emotionen, eurem Denken und eurem Handeln Besitz ergreifen zu lassen. Es bedeutet, dass ihr zur Seite tretet und sagt: „Nur Gott ist groß. Ich bin nichts. Alles Gute, was in meinem Leben vollbracht wurde, ist das Werk Gottes".

FUSSNOTEN

*1 Matthäus 21:33-42

*2 Eine freie Wiedergabe aus Matthäus, 10:29-30

*3 Matthäus 5:39

*4 Die Geschichte kann im Johannesevangelium, Kap. 18 gefunden werden. Siehe auch Matthäus, Kap. 26 und Lukas, Kap. 21, 22

*5 frei zitiert: Römer 8:28

*6 Im traditionellen okkulten Symbolismus, den White Eagle häufig benutzt, wird der wahre Weg als der Pfad zur Rechten gesehen, der aufwärts führt, während der Pfad zur Linken, der abwärts führt, zu vermeiden ist.

*7 Diese Unterweisung wurde ursprünglich während des 2. Weltkrieges gegeben.
White Eagle's Sicht der Engel des Mars ist positiv, denn er sieht sie so, dass sie vollkommen dem Gesetz der göttlichen Liebe entsprechen.
Über Engel sowohl des Lichtes wie der Dunkelheit verweisen wir auf ein anderes Buch von White Eagle,
DAS WHITE EAGLE ENGEL-BUCH, 2. Aufl. 2000.

*8 Matthäus 4:7, ein Zitat aus Deuteronomium 6

*9 In DIE VIER GROSSEN EINWEIHUNGEN (4. Aufl.1993), woraus hier ein kurzer Abschnitt entnommen wurde, erklärt White Eagle vier Haupteinweihungen des Lebensweges, die jeweils mit einem bestimmten Element verbunden sind. Die Wassereinweihung

kommt, wenn die Kontrolle über die Emotionen erlangt wurde und bringt so Frieden.
Siehe auch S. 105

*10 Siehe auch Kap.8, S. 123

*11 Johannes 15:1 und 10:30

*12 Johannes 14:30

*13 Matthäus 18:12-13

*14 Dazu s. Offenbarung 4:10

*15 Matthäus 7:1

*16 White Eagle verweist hier vielleicht auf das ätherische Gegenstück unseres Planeten, nicht auf den physischen, den wir sehen

*17 Beide Zitate werden bei Lukas 22:42 gefunden

*18 Mit den vier Einweihungen der Erde, der Luft, des Feuers und des Wassers beschäftigt sich das Buch DIE VIER GROSSEN EINWEIHUNGEN. Siehe auch S. 48

*19 Matthäus 7:21

*20 White Eagle spricht von Unglücken und Ereignissen in der Natur, die aus dem Mangel an menschlicher Weisheit heraus entstehen, d.h. Vergehen an der Umwelt oder bei dem Umgang mit Tieren.

*21 Johannes 14:12

*22 Der englische Dichter William Cowper (18.Jahrhundert).

*23 Kains Bemerkung über den erschlagenen Abel in Genesis 4:9

*24 Johannes 12:32

*25 Matthäus 6:24

*[26] Römer 12:19

*[27] Johannes 1:1

*[28] Die Unterweisung, der diese Worte entstammen, wurde während des Zweiten Weltkrieges gegeben, doch White Eagle's Worte scheinen eine umfassendere Bedeutung zu haben.

Kontaktadressen:

Deutschland:
White Eagle Centre Deutschland e.V.
Schraystr. 2, 82110 Germering, Deutschland
Telefon: +49(0)89/8 41 77 90
Fax: +49(0)89/84 00 60 38
E-Mail: **info@whiteeagle.de**
www.whiteeagle.de

Schweiz:
Stern-Zentrum der White Eagle Lodge
Höheweg 13, 3550 Langnau, Schweiz
Telefon und Fax: +41(0)34/4 02 36 36
E-Mail: **whiteagle.schweiz@tiscali.ch**
www.whiteagle.ch

Hauptsitz der weltweiten White Eagle Familie in England:
The White Eagle Lodge
New Lands, Brewells Lane, Rake, Liss,
Hampshire GU33 7HY, England
E-Mail: **info@whiteagle.org**
www.whiteagle.org

Die White Eagle Familie hat sich seit der Gründung durch Grace und Ivan Cooke im Jahre 1936 in London weltweit ausgebreitet.
Die White Eagle Lodge ist eine Gemeinschaft in der die Menschen die Möglichkeit für Wachstum und Verständnis finden und die Lehre von White Eagle praktischen Ausdruck erfährt. Hier können Männer und Frauen über die Gründe für ihr Leben auf Erden lernen und erfahren, wie man in Harmonie, Gesundheit und Glück leben kann mit der ganzen sichtbaren und unsichtbaren Bruderschaft des Lebens.

Wenn Sie mehr über die Arbeit der White Eagle Familie allgemein und über ihre Licht- und Heilarbeit erfahren wollen, fordern Sie einfach unser umfangreiches Infomaterial im White Eagle Centre Deutschland e.V. an oder in einem der aufgeführten Zentren.
In den verschiedenen weltweiten Zentren (Adressen auf Anfrage) finden regelmäßige Veranstaltungen statt.

Dies sind in erster Linie Kontaktheil-Gottesdienste (Heilung durch Handauflegen) für persönlich Anwesende und Fernheil-Gottesdienste auch über größere Distanzen. Wenn Sie die White Eagle Fernheilung in Anspruch nehmen möchten, wenden Sie sich bitte mit zwei frankierten und an Sie selbst adressierten Rückkuverts und Angaben darüber, was in die Fernheilbetreuung aufgenommen werden soll, an Ihr jeweiliges Landeszentrum. Außerdem finden regelmäßig Treffen zu Sonntagsgottesdiensten und zur gemeinsamen Meditation statt und weitere Kurse und

Seminare zum Erlernen der White Eagle Meditation – Heilarbeit und -Lehre. Es gibt auch entweder wochenweise oder zum verlängerten Wochenende Meditations- oder Einkehrtage, die „Retreats“. Näheres in den oben erwähnten Infos.

Aus unserem Verlagsprogramm

Auf den folgenden Seiten finden Sie weitere Bücher aus unserem Verlagsprogramm.

Aus unserem Verlagsprogramm

Neues Buch:

Trost & Heilung

Die Lehren dieses Buches wurden besonders für Menschen zusammengestellt, die sich nicht wohl fühlen, die sich vor Krankheit fürchten oder Kranke betreuen. White Eagle sagt, wie hart auch immer eine Krankheit ist, vom geistigen Gesichtspunkt aus ist sie eine Manifestation des Wachstums, sogar der Einweihung. Somit kann immer Trost gefunden werden. Während White Eagle zeigt, dass Krankheit für das Wachstum der Seele notwendig ist, bringt er in liebevollem Einfühlungsvermögen gleichzeitig dem Leidenden Trost und Hoffnung. Das ist das Schöne an seiner Lehre. Kommt der Tod als der letzte Heiler, ist White Eagle ebenfalls gegenwärtig, um zu helfen. Dieses inspirierende Buch enthält Perlen für jeden Leser.

Jetzt bestellen:

Art.Nr. 0624

ISBN 978-3-937980-04-

Neues Buch: Der Große Geist

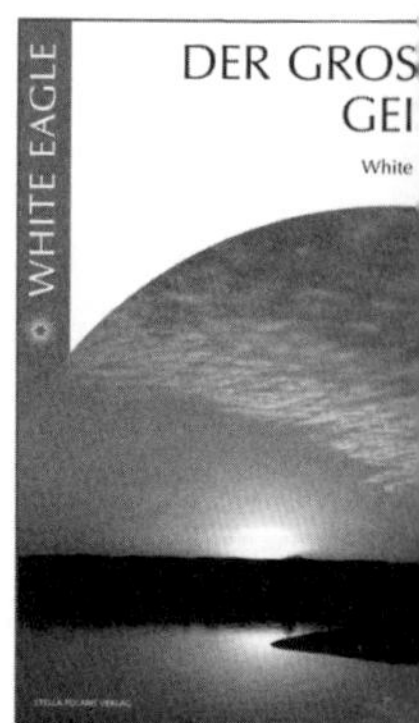

„Der Große Geist" ist die häufigste Bezeichnung White Eagles für die Macht hinter unserem Leben, die sich eigentlich einer Benennung entzieht: Gott, das Eine, Brahma. Dieses Buch entspringt unmittelbar seiner Erfahrung und seinem Wissen aus seinem Leben als amerikanischer Ureinwohner und es zeigt eine Lebensweise auf, die der Natur tiefe Verehrung entgegenbringt. Dieses Leben ist sich zutiefst einer höheren Welt bewusst, mit der wir innerlich in Verbindung treten können, und es kennt das einigende Prinzip im Inneren.

Der Text ist eine erweiterte Version eines früheren White Eagle Titels „Sun-Men of the Americas", der nicht mehr gedruckt wird.

Das Buch enthält neue Einleitungsartikel von **Jenny Dent** und **Jean LeFevre**.

Jetzt bestellen:

Art.Nr. 0625

ISBN 978-3-937980-07-

Planetarische Harmonien

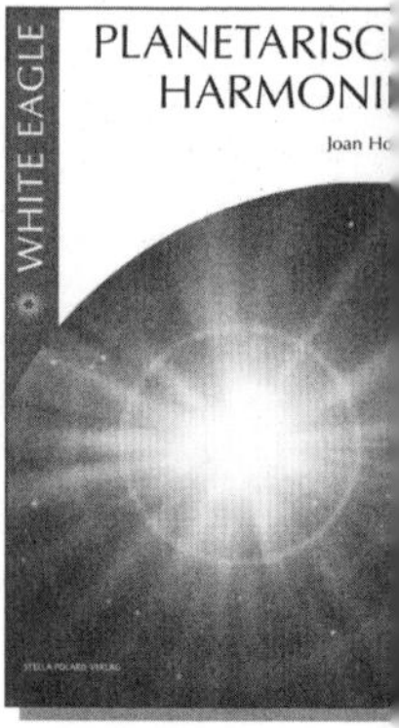

Ähnlich den bekannten Essener Meditationen, bietet dieses astrologische Meditationsbuch Morgen- und Abendmeditationen für jeden Tag der Woche an.
Es enthält eine Grundeinführung in die White Eagle Methode der Meditation und es ist generell für jeden Leser geeignet aber auch besonders für jemanden, der sich als Einsteiger mit der Meditation und der Astrologie beschäftigen möchte.

In **PLANETARISCHE HARMONIEN** identifiziert Joan Hodgson die planetarischen Einflüsse, die zu jeder Zeit des Tages am Wirken sind, oder zu jeder Zeit des lunaren Zyklus (Monat) oder des solaren Zyklus (Jahr).

Jetzt bestellen:

Art.Nr. 0590

ISBN 978-3-937980-02-

ISSN 1613-8562

Der Stella Polaris Verlag:

Weitere White Eagle Bücher können sie über den Stella Polaris Verlag oder im Buchhandel bekommen.

Fordern Sie kostenlos unseren BUCHKATALOG und/oder ein Freiexemplar des White Eagle **Magazins STELLA POLARIS** an:

Stella Polaris Verlag
Schraystr. 2, 82110 Germering, Deutschland
Telefon: +49(0)89/84 00 60 40
E-Mail: info@stella-polaris-verlag.de
www.stella-polaris-verlag.de
Den Buchkatalog gibt es als pdf-download.